今を生きていく力

「六波羅蜜」

森政弘 著

目次

その三)「**忍耐**」こころを波立たせないこと

その四)「**精進**」われを忘れるまで懸命に行なうこと

イラスト・伊勢隆則
装幀・福澤郁文
デザインDTP・髙田真貴

六波羅蜜とは

これから述べようとする六波羅蜜《ろくはらみつ》は救済と悟りへの道である。最高に豊かなこころを養うもので、山のようにある仏教教義のなかの重要な一つである。こういうと、この解説は仏教の一部分でしかないと思われるかも知れないがそうではない。智慧《ちえ》の角度から見れば、仏教の肝心な教えの大部分が含まれているのである。

全体のなかに部分が入っているということはあたり前だが、仏教の智慧では、「部分のなかに全体が入っている」と逆説めいたことをしばしばいう。辞書にもあるように、逆説というものは、真理と反対なことをいっているようだが、よくよく考えると真理を表している。たとえばこころを静めて一輪の花をじっくりと観察してみれば、その一輪のなかに宇宙全体の真理が凝縮されていることに気付く。花びらの色や形、その開閉の順序、雌しべや雄しべのあり方、花粉や蜜と蝶や蜂との助け合いの関係など……、絶妙以外のなにものでもない。そう考えれば座敷の床《とこ》に生けてある一輪挿しの花は、さびしく一本だけが挿してあるのではなく、全宇宙を背負った代表としてそこに鎮座しているのである。

こう観《み》*一れば一輪の花という部分のなかに、宇宙という全体が入っていることが納得できる。

おなじように六波羅蜜のなかにも仏教全体が入っており、それで仏教の要点のすべてが説明できるはずである。仏教では智慧を尊重する。その証拠として智慧は六波羅蜜の最後に位置づけられている。

まずは、六波羅蜜の意味、仏教内での位置づけなどについて述べていこう。

迷いから脱し人を救う六つの行

自分が悟りを得たい（自利《じり》）と同時に、他の人々をも救いたい（利他《りた》）というこころを菩提心《ぼだいしん》という。その菩提心を起こして修行《しゅぎょう》している人が菩薩《ぼさつ》である。今この書を読んでおられるあなたでも、このこころを起こしてその実践がはじまれば、菩薩の仲間入りができるのである。

菩薩といえば、ふつう、観音《かんのん》菩薩・地蔵《じぞう》菩薩・普賢《ふげん》菩薩・文殊《もんじゅ》菩薩・勢至《せいし》菩薩などが頭に浮かぶ。しかし、それは菩薩が理想化されたもので、実在した人物ではない。仏になる一歩手前まで修行が達成した人や、世俗の衆生《しゅじょう》を救済するために化身《けしん》となって現れた方々を表しているのであって、仏像その他をとおして世に知られていることは周知のところである。

この菩提心については、有名な永平寺の開祖である道元禅師《どうげんぜんじ》が述べられた金言《きんげん》がある。筆者はこれを拝読したとき、はらはらと涙を流した覚えがある。

「菩提心を発《おこ》すといふは己《おの》れ未《いま》だ度《わた》らざる前《さき》に一切衆生《いっさいしゅじょう》を度《わた》さんと発願《ほつがん》し営《いとな》むなり、設《たと》ひ在家《ざいけ》にもあれ、設《たと》ひ出家《しゅっけ》にもあれ、或《ある》ひは天上《てんじょう》にもあれ、或《ある》ひは人間にもあれ、苦にありといふとも楽にありといふとも、早く自未得度先度他《じみとくどせんどた》の心を発《おこ》すべし。其《その》形陋《いや》しといふとも、此心《このこころ》を発《おこ》せば已《すで》に一切衆生《いっさいしゅじょう》の導師《どうし》なり、設《たと》ひ七歳の女流《にょりゅう》なりとも即《すなわ》ち四衆《しゅう》の導師《どうし》なり、衆生《しゅじょう》の慈父《じふ》なり、男女《なんにょ》を論ずること勿《なか》れ、此《こ》れ仏道極妙《ぶつどうごくみょう》の法則なり……」

（修證義《しゅしょうぎ》　第四章　発願利生《ほつがんりしょう》より）

このなかの「度《わた》す」というのは「渡す」と同じで、此岸《しがん》から彼岸《ひがん》へ、すなわち迷いの世界から悟りの世界へ行くという意味である。要約すれば、「よく聴くがよい。自分が悟ろうとするよりも先に、他の人々に悟ってもらうような願いを抱いて実行せよ。これが菩提心を起こすことであり、菩薩の行為である」というわけである。このことを漢文で一語で表したのが「自未得度先度他《じみとくどせんどた》」で、これは「じみとくどせんどた」と、一息で読むように教えられている。訓読すれば、「自分が未《ま》だ度《ど》（悟り）を得る先に他を度する」となる。

そんなことをすれば自分は救われずに損をするように思う人もあるだろうが、そこが仏教の逆説的なところで、けっしてそんなことはない。これくらい自分が救われ、豊かなこころが得られることはないのである。自己中心的でなく、親が子に対するように、自己犠牲をものともせず他を救う、これが大乗仏教（今の日本のほとんどすべての仏教）の根幹姿勢であり、「六波羅蜜」はそのためにこそ設けられた道なのである。

そのような菩提心を起こして修行にはげむ人が菩薩で、この菩薩の修行のためのありがたい教えとしてすすめられているものが波羅蜜《はらみつ》である。

波羅蜜は印度の古語である梵語《ぼんご》（サンスクリット）の「パーラミター」を漢字に当てはめたもので、上記した度《わた》るとか、彼岸に至る、すなわち悟るという意味をもつ。*二その波羅蜜に以下の六つの項目があるので六波羅蜜《ろくはらみつ》というわけである。

①〈布施《ふせ》〉、②〈持戒《じかい》〉、③〈忍辱《にんにく》〉、④〈精進《しょうじん》〉、⑤〈禅定《ぜんじょう》〉、⑥〈智慧《ちえ》〉

最低限この読み方だけは覚えておいてほしい。それぞれについては章を設けてくわしく説明するが、とりあえず以下に簡単に触れておく。

①〈布施《ふせ》〉—ふつうお坊さんに払う謝礼の意味で使われているが、六波羅蜜のなかの布施とは、物質・肉体・精神のあらゆる面で他に奉仕することをいう。

②〈持戒《じかい》〉—仏の戒（いましめ）を守ってもち続け、身をつつしむこと。

③〈忍辱《にんにく》〉—他に対してつねに寛容で、他から加えられたいかなる辱（はずかしめ）や困難をも耐え忍ぶだけでなく、逆に自分がどんなに得意な状況になっても高ぶらないこころをもつこと。広義の忍耐。

④〈精進《しょうじん》〉—われを忘れるほどに集中して、善なること意義あることに一所懸命努力すること。

⑤〈禅定《ぜんじょう》〉—坐禅でこころが定まって微動だにしない状態。こころを水面にたとえると、その波立ちを治め、水面を動揺や波のない鏡のように平静な状態に保ち、静かで落ち着いたこころになること。

⑥〈智慧《ちえ》〉――宇宙の真の姿（実相《じっそう》という）を見極め、その見極めより派生した多くの真理を自利・利他に活かしていくこと（なお、この「ちえ」は一般世間でいう「ちえ」とは意味内容がちがうので、その点をはっきりさせるために「知恵」とは書かず、わざわざ常用漢字ではない「智慧」を使う習わしになっている）。

ところで、このように箇条書きにすると、一般常識からすれば六つにわかれた別々の内容が並んでいるように見えるだろうが、この六つの項目は並列的に六分類されているのではない。実践してみるとわかることだが、実は一つのものの六つの側面を示している。

図形的にたとえてみれば、立方体という一つのもの（菩薩の修行）があり、その各六面が六波羅蜜のそれぞれに対応するといった格好になる。

内容の相互関係を考慮して各六面をそれぞれに当てはめてみれば、以下のようになる。ただしこれは筆者だけの発案で、仏教界一般で使われているものではない。

正面＝智慧

六波羅蜜のうちで最重要なもの。他の五つの波羅蜜はこの智慧のためにこそあるといってもよいだろう。ゆえに智慧を正面に配置した。

背面＝精進

精進こそが、他の五波羅蜜のすべてを後押しして推進させる。ゆえに背面とした。

底面＝禅定

仏教の修行の基本として「戒《かい》・定《じょう》・慧《え》」という三つの教えが説かれているが、これは持戒・禅定・智慧の略と見てよい。この順序には重い意味があり、持戒なしに禅定は得られず、禅定なくして智慧は出てはこないのである。このように禅定は智慧を根底から支えるものなので、底面にあてがった。

上面＝布施

布施は六波羅蜜の最初に置かれており、特別な立場のものである。仏教には菩薩のほかに声聞《しょうもん》と呼ばれる修行者もあったが、その声聞の修行道として四諦《したい》という教義がある。*三 大乗仏教の菩薩には一切衆生《いっさいしゅじょう》を救うという大願目があるが、声聞は自分だけが悟ればよいという狭い立場の修行者だから、四諦のなかに布施は入っていない。このように、布施は菩薩のための特有な徳目のため、上面にあてがった。

左側面＝忍辱

右側面＝持戒

忍辱と持戒と、どちらが左でも右でもよいと考えられるが、いちおうこのように配置した。

悟りへの道（波羅蜜）は、このように六つの顔の構造になっているのである。

六つは互いに助け合っている

かつて、数学、とくに幾何学を学んだときに、先生からくどくいい聞かされたことがある。「数学は土台からはじまって、順次に定理を証明し、その定理を使ってまたつぎの定理を証明するという積み上げ方式だから、まだこれからあとで証明する定理を用いてそれよりも前の定理を証明してはならない。それは、まだ二階ができていないのに三階をつくることはできないのと同じだ」ということだった。

数学に限らず、物理学や電子工学をはじめとする理工学全般はもちろん、文系の論理学や哲学などをふくめて、ほとんどの自然科学、人文科学、社会科学での頭の構造は、このように土台から順次上へ向かって築き上げる、建築のような構造をしている。

失礼ながら、読者のほとんどは、長年このような学問を学んだため、頭脳がこのような建築構造に固まってしまっておられるのではないかと推察する。

しかし仏教の構造はそのような固定的なものではない。融通無碍《ゆうずうむげ》なものであって、今お話ししている六波羅蜜はその一例であり、建築のような基礎からの積み上げ構造をしてはいない。こういう点が仏教のわかりにくさの原因のひとつだと思われる。

すなわち、①の布施が完成しなければ、②の持戒へ進めないというものではなく、また③の忍辱を卒業しなければ、④の精進へ入れないのではないのである。たとえば最高レベルの清らかな布施①を実行するには、あとで述べるように、空《くう》の智慧が必要で、それは⑥の智慧が備わってこそなのである。要するにこの六つの波羅蜜は互いに助け合いながら高いレベルへと上がって行く構造をしているわけである。禅定なしに智慧だけを得ようとしても、それは無理な相談になってしまうのである。

要するに、豊かに生きるためにはこころを豊かにしなければならず、そのためには菩提心を起こす必要があり、その菩提心が起きればその人は菩薩で、その菩薩の修行として六つの徳目があげられている。それを六波羅蜜と呼ぶが、その六つは悟りへ向かう、すなわちこころを最高に豊かにするための六つの側面だ、ということになるのである。

注（一）目では見えない真理を見る場合には、「見る」ではなく「観る」を使う。
（二）このほか「最高の状態」「完成」という意味もある。
（三）悟りに至るための「四つの真理」ということ。

◉その一

布施

（ふせ）奉仕すること

優しいまなざしで相手を見るだけでも布施になる

布施

とは、物質・肉体・精神のあらゆる面で他に奉仕することをいう。

われわれは、お金なしには生きられない経済の仕組みのなかに巻き込まれており、日夜金儲けに精を出している。そのことを悪いとはいわないが、うっかりすると金もうけを最優先させた、けちな貧しいこころの人生を送ってしまう。

まずは布施には、その弱点をおぎなう意味がある。布施するには打算を度外視した自己犠牲が必要になるので、けちな、まずしい根性を消すはたらきがある。その分こころは豊かになる。はじめのうちは損をするような抵抗感があるかもしれないが、習い性となって身についてくると、布施した後のすがすがしさがわかってくる。顔つきまでもが変わってくる。一口にいえば、「布施とはむさぼらず、へつらわないこと」と道元禅師は教えておられる。

人間も自分だけの力で生きてきたわけではない。社会的にもエコロジカルにも、多くの人々や生物や鉱物の連鎖の一環として、恩をうけながら生きてこられたのだから、布施はその恩返しでもある。

席をゆずるのも布施の一つ

災害地へ救援金や援助物資を提供するのは、いうまでもなく布施である。金銭的に余裕があればなおさらのこと、たとえ余裕がなくても、なんとか工夫して自分の財政を切りつめ、その分を身体障害者の施設などに寄付するのも布施である。こういった金銭的、物質的な布施は財施《ざいせ》という。

自動車の安全運転にもいろんな精神的な布施が含まれている。相手の車や歩行者や自転車に危害を加えないように注意することも、消極的ながら布施である。そこには優しいこころで人を大切にするという心の布施（心施）があるからだ。互いにゆずりあうのは布施のこころだと思う。

ただし「サンキュー事故」というのがあるから注意がいる。相手が親切にゆずってくれたとき、こちらは、善意の相手にむくいようと、ついあせって急いでしまう。その結果起こす事故がサンキュー事故である。こうなるとせっかくの親切が逆結果を招くので、相手に頭を下げる先に、落ち着いてまず周囲を見回す心得が必要だ。もちろん自分がゆずろうとする側に立った場合、サンキュー事故が起きそうだと直感したときには布施をひかえる必要がある。むしろ、布施をひかえるという、そのことこそが布施となる、という言い方もできよう。

逆転の発想も有効だ。あぶない追い越しをされて「コン畜生！」と思いたくなったときには、実際がそうなのかどうかは問題にせず、とにかく「親でも死にかけて急いでいるのかな。もっとすんなりゆずってあげればよかった」と思い直すのである。柔軟心《にゅうなんしん》の出番である。そうすればこちらのこころは落ち着き安全になる。こういうわずかなこころの動きも心施である。

同時にこれはあとの章で述べる忍耐のひとつのコツでもある。

ホーンの鳴らし方ひとつでも、布施のこころがあるとちがってくる。同じ危険を知らせるにしても、正義感＊ガチガチの「コラーッ！」という鳴らし方と、やさしく「あぶないよ」という気持ちで鳴らすのとでは、微妙にちがう。どちらがこころを豊かにするかは、説明の必要はないだろう。

交差点を右折しようとして直進車の通過を待っているとき、安全な範囲で、なるべく前車との車間をつめ、後ろの車が一台でも多く交差点内へ入れるようなこころ遣いをするのも心施である。そうすれば後ろの車が喜ぶ。

タクシーを降りるときには、できるだけ運転手さんが喜ぶような場所で降りるのがよい。たとえば本来の目的地まで達してなくても、その手前にタクシーを待っている人がいれば、そこで降り、あとは歩くようにすれば、運転手さんとつぎのお客の両方への布施となる。電車やバスのなかで席をゆずるのも布施である。

いってみれば、こういう日常の布施は小さな親切行為といえる。だが、小さいからといって軽く見てはならない。この小さな親切行為が人口分だけ集まれば、すばらしく住みよい世の中が実現するはずだ。こころは豊かになる。少数の大資産家が行なう大きな寄付もそれなりの意義はあるが、社会全体をよくしようとするのならば、全員が毎日このような小さな布施を行なうようにこころがける必要があるだろう。

自我が頭をもたげると布施にはならない

災害地へ出かけて、直接身をもって救助に挺身するボランティア活動は、身施《しんせ》という布施である。

また腎臓移植などで自分の片方の腎臓を提供するなども尊い身施である。

しかし気をつけなければならない大切なことがある。厳しいことをいうようだが、もしもボランティアに、自分はよいこと、感心なことをしているのだという気持ちが芽生えてくると、布施が布施でなくなってしまう。そういう布施は仏教では汚れたものとして歓迎しない。このことは布施全般に通じることだが、①布施する側の気持ちや態度、②布施される物や行為の内容、③布施を受ける側の精神状態や姿勢、の三つともが清らかなことが要求される。このことを仏教では「三輪清浄《さんりんしょうじょう》」といって大切にしている。
それは仏教では、おれが、私が、というふうに、自我が頭をもたげてくることを非常に嫌うからである。あとの智慧の章で述べるように、六波羅蜜を行じてこの世の真実の姿（実相《じつそう》という）がわかってくると、いわゆる自己というものは実体のない仮のものだということに気づく。実体のない自分などに執着して、うぬぼれの気持ちが湧いているようでは、悟りなど遠いところへ逃げてしまい、ほんとうに豊かな気持ちにはなれない。だからこそ布施が六波羅蜜の最初に置かれて、自己犠牲や自我滅却が布施の目的*二になっているのである。ゆえに、何らかの見返りや報酬を期待して行なうような布施は、布施ではない。へつらわないことが肝心だ。

早い話が、親が子にしてやるとき、子からの見返りを期待しているだろうか。今こうしてやれば、老後に養ってもらえるからするのだ、というような打算的な気持ちはまったくない。自分を犠牲にしても子に尽くして、それでいて嬉しいのである。それと同じことで、何も見返りなど期待しない、つまり布施をすると自分に功徳《くどく》*三が与えられるなどという気さえ起こさないのが最高で、清らかなのである。

逆説的だが、そういうきれいな精神状態で布施を実行したときにこそ、功徳が与えられるのである。また以上は布施する側の心得だが、布施を受ける側としても、むさぼるこころがあると、布施が汚れてくる、感謝して無心に受けることが大切だ。

布施の基本は慈悲《じひ》*四にあるが、人間一般の悪弊として、人にものを恵むときに、

愛読者カード

※本書をご購読いただき有難うございます。今後の企画の参考にさせていただきますので、ご記入のうえ、ご返送下さい。

書名

●お買い上げいただいた書店名

(　　　　　　　　　　　　　　　　　　)

●本書をお買い上げいただいた理由

□書店で見て　□知人のすすめ　□インターネット

□新聞・雑誌の広告で（紙・誌名　　　　　　　　　　）

□新聞・雑誌の書評で（紙・誌名　　　　　　　　　　）

□その他（　　　　　　　　　　　　　　　　　　）

●本書のご感想をお聞かせ下さい。

○内容　□難　□普通　□易　　　○価格　□高　□普通

●購読されている新聞、雑誌名

新聞（　　　　　　　　）　雑誌（　　　　　　　　）

●お読みになりたい企画をお聞かせ下さい。

●本書以外で、最近、ご購入された本をお教え下さい。

購入申込書　小社の書籍はお近くの書店でお求めいただけます。直接ご注文の場合はこのハガキにご記入下さい。

書　名	部　数
	冊
	冊

ご協力有難うございました。

郵 便 は が き

料金受取人払郵便

日本橋支店
承　　認

3230

差出有効期間
平成22年 3月
19日まで

103-8790

052

東京都中央区日本橋小伝馬町2-5
F·Kビル

株式会社 教育評論社
愛読者カード係 行

ふりがな		生年 19□□年	
お名前		男・女	歳
ご住所	〒　　都道府県　　区市・町 電話　（　　）		
Eメール	@		
職業または学校名			

当社は、お客様よりいただいた個人情報を責任をもって管理し、お客様の同意を得ずに第三者に提供、開示等一切いたしません。

ついつい「やってやる」とか「してやる」という、上から下を見下ろした気持ちが湧く。この点についてはとくに注意が必要である。無心に行なうのが最高だが、もしもそのような気持ちが湧いた場合には、下から上へ向かって差し上げる、施させていただくという謙虚さが大切だと、反省することである。

六波羅蜜の六番目の「智慧」がわいてくるとその気になれるが、仏教の根本は、「相手のなかにかくれている仏性《ぶっしょう》が表に現れるよう（仏性開顕《かいけん》という）につとめること」に尽きる。仏教では、人間誰のなかにも——みにくい人のなかにも悪人のなかにさえも——仏になることができる性質（これが仏性）がかくれて存在すると観《み》ている。仏性は何ものによってもけがされない絶対的に清浄《しょうじょう》なものである。

仏性は万物のなかに存在するが、人間の場合には修行《しゅぎょう》によってこそ、これが表に輝き出す。六波羅蜜はそのための教えである。

ゆえに、布施の理想は「仏性を拝み出すこころ」で行なうのが最高なのである。

財産がなくても布施はできる

財施はその気持ちさえあれば、なんらかのアイデアや工夫で、わずかな金額ならばひねり出すことができる。一食節約運動といって、一週間に一度一食を抜いてがまんし、その食費を集めて布施を行なっている宗教団体もある。しかし実際問題、財施は金銭的な余裕がなければできないわけで、限界がある。

しかし、雑宝蔵経《ぞうほうぞうきょう》というお経に書いてあるが、お金や財産がなくてもできる布施もいろいろある。

たとえば、相手に理解のある優しい言葉をかけるのが言辞施《げんじせ》という布施である。ウイットに富んだユーモアを適当に話に入れるのも言辞施だろう。つねに、うるおいのある言葉、柔軟な言葉、相手のこころにしみこむ言葉、相手が喜ぶ愛情のある言葉（愛語）*五をかけるようにこころがけるのがよい。困っているとき、悩んでいるときに、理解のある優しい言葉をかけられるほど嬉しいことはない。ましてやその悩みを解決できるような言葉だったら最高である。聞いた人の人生をよい方向に変えてしまうくらいだ。

「愛語能《よ》く廻天の力あることを学すべきなり」とは、道元禅師の教えである。この場合、相手が喜ぶといっても、真実に反して飾り立てたおべんちゃら、おべっかの類は、仏教の十悪の一つにもなっており、厳禁である。

いうまでもなく、うそや二枚舌などはもってのほかだ。それは布施どころか、相手を害する。また真理を求め善行を行なうための議論ならばよいが、そういう場合、人間には自分大事という我《が》があるから、えてして相手をやっつけて自分が勝とうという気持ちがおこり、相手を論破しようという姿勢に移行しやすい。これも禁物である。布施の気持ちがあれば、相手に勝とうとは思わなくなる。

さらに、このような言辞施でなくても、疑いの目つきや、きつい目つきでなく、優しいまなざしで相手を見るだけでも布施になる。これを眼施《げんせ》という。

常識では布施を与えるのではなく、布施を受ける側にだけ立っていると思われている人、たとえば寝たきり老人や入院中の病人などでさえも、眼施ならば布施をすることができる。介護者や看護師を眺める目つきが優しく感謝にみちていればそうなるのだ。老人や病気の人が、すこしでも幸せになるコツではある。

また、いつもにこやかな顔をしていて、その人がいるだけでその座が明るくなったり、活気を帯びてくるという人がいる。その方は気分の上での大きな布施を周囲に及ぼしている。なごやかな目つきと、いきいきした表情、こういう布施は和眼悦色施《わげんえつしきせ》といわれる。しかし、不機嫌な日が一日もないようにつとめることは容易なことではない。これは後述の忍耐が身についてこそできることだが、われわれは全員、そのような人格を備えるようにこころがけたいものである。また、相談に乗ったり、アドバイスをして、ひとの心配ごとや憂《うれ》いや恐怖心をとり除いてあげるのを仏教では無畏施《むいせ》といっている。これはありがたい布施である。

道理を教え導く法施

いちばん尊ばれるのは「法施《ほっせ》」である。法とは真理、法則のことだから、法施は仏教の真理、天地の道理をひとに伝えることをいう。財施や身施は有限なもので、無限の展開性に欠けるが、法施はひとを救い世直しをする根本を説くわけだから、無限に広がってゆく力がある。

もちろんそれには、仏教について正しい知識をそなえている必要があるから、ぜひ仏教を学んでほしい。さらに広義に解釈して、知恵・知識・ノーハウなど、価値ある情報を惜しみなくひとに教えてあげることも法施と考えて実行するのがよい。料理の仕方や勉強の仕方などを初心者に教えることでも法施だ。

お釈迦様の布施は命がけ

これまであげたいろいろな布施の例からすると、布施は易しいことのように早合点されるかもしれない。しかし、非常に厳しく深いところがある。

筆者は、生まれかわりとか前世ということについてはわからないが、お釈迦様の大慈悲を賞賛してのことだろう、下記のような説話が大智度論《だいちどろん》という仏典にのっている。このお釈迦様の前世物語は、まさに慈悲と布施と忍耐の模範である。

あるところに牙が六本ある白象がいた。猟師がそのことを聞きつけて、毒矢でその白象を射たのだった。仲間の象たちは大いに怒ってその猟師を踏み殺そうと襲いかかったが、白象はそれらを制しなだめてから、おもむろに猟師に近づいて行って尋ねた。「どうして私を射たのか」と。猟師は「お前の象牙がほしいのだ」といった。白象は猟師を待たせておいて岩のほうへ行き、岩の裂け目に牙を入れて一本一本折り、生きた肉がつき血が滴る牙六本を、鼻で巻きあげて「さあもって行きなさい」と猟師に渡した。

この白象こそは、前世のお釈迦様だったということである。襟を正さずには聞けな

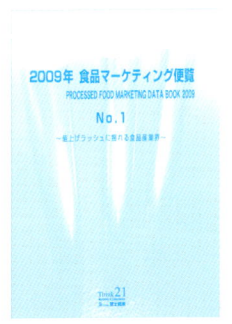

い話である。布施は忍耐であり、命がけの大慈悲なのでもある。

豪華な邸宅に住み、日夜、美食・美酒にふけり、高価な宝石や絵画を集め、別荘をもち……という生き方をされている方もあろう。そういう方には、それなりの徳があり、またそれなりの努力の結果であろうから、それ自身けっこうなことではある。しかし、それだけで、こころの底から真に豊かな気持ちになっていられるだろうか。おそらくどこか、満たされない部分が残っているはずだ。仏教ではそういう状態を「天上」といい、理想状態とは認めていない。お金や財宝がたまれば、盗まれないか失わないかという心配もつきまとい、安らかではないし、永遠な平安を得たのではなく、何かのきっかけですぐに転落する可能性があるからである。

布施には、煩悩《ぼんのう》を薄らげ、けちをなくし、嫉妬《しっと》を除き、へつらいをなくし、後悔を除き、おごりを押さえて恭《うやうや》しさを増し、はじを知って怒りを抑え、執着を消すなど、多くの功徳があるという。なんといっても、仏教に限ったことはなくキリスト教でもよいが、宗教的な世界へ入ってこそ、心底からの平安な気持ちが得られるものなのである。

注
（一）正義感の大切さは論をまたない。しかし、それにとらわれると倫理過剰反応という悪結果を招く。柔軟心の必要性が問われる理由の一つがここにある。
（二）「目的」などということをいっているうちはまだ入門である。目的というような気持ちが消え、そのものになりきるとき、布施ならば布施になりきったときが本物なのである。
（三）善行によって得られる福徳。
（四）「慈」は喜びを与えること。「悲」は苦しみや悲しみを取り除くこと。
（五）俗にいう I love you のことではない。

◉その二

持戒

（じかい）　自分をコントロールすること

人に対してはうそをつき、だますことができるが
自分自身はけっしてだますことができない

持《じ》戒《かい》

とは、戒《かい》（いましめ）をもつことで、要は身をつつしむことである。仏典には「好んで善道を行じ、自ら放逸《ほういつ》ならざる、これを持戒という」とある。

放逸とはコントロールが効いていない状態のことだから、持戒の本質は自己制御あるいは自律といってよい。つまり、悪を止めて善を行なうように、他から強制されるのではなく、自分で自分をコントロールするところに意味があるのである。

投球のコントロールが効いていなければ、野球は勝てない。音程やリズムのコントロールがはずれれば音痴な音楽になってしまう。筆者の専門のロボット工学から見ても、指や腕のコントロールがだめなら、茶碗も箸ももてない。あごの動きと舌の動きのコントロールがわずかでもはずれると、歯で舌をかんでしまう。スズメ一羽の動きを観察するだけで、枝から枝への飛び移りぐあい、姿勢の取り方など、まったく自由自在で、いかにたくみなコントロールが鳥にそなわっているか驚いてしまう。

まさにコントロールこそは、すべてがうまくいく元である。ゆえに破戒は万事が失墜する原因となる。そのつもりで眺めてみるといい。コントロールがなかったら、すべてはだめになることを。だから持戒は六波羅蜜の二番目に位置しているのである。

ところで「〇〇ホーダイ」という言い方にしばしば接することがある。電話の「テレホーダイ」とか飲み屋の「飲み放題」というたぐいである。味わいすぎてあとで痛い目に会うこともある。筆者はこれはまったくコントロールなしの商業主義に毒された言葉であると思う。まさに持戒とは反対方向のものだから、用心する必要がある。

怠けた前頭葉が動き出せば「全機」する

仏教に関する本を書くときは常になじみのないむずかしい漢字や熟語が頻発する。これが読者を仏教書から遠ざける原因の一つになっていると思う。筆者も本書ではそうならないように注意してはいるが「全機《ぜんき》」という言葉だけはぜひ熟語のまま使いたい。しかも全人類が全機すれば世界を救うことができるほどの重要な言葉である。ぜひ読者も日常この言葉を使って、現代語として復活させていただきたい。

「全機」は禅宗で使われる用語で、「与えられたあらゆる機能を余すところなく発揮させる」ことをいう。機とはハタラキのこと。ゆえに全機とは「ハタラキ全《まった》し」だ。全機のもっともよい例は自然だ。自然は全機している。

だから自然をよくよく観察すれば、

「全機すれば調和する」

という格言が、なっとくできるはずだ。

しかし残念なことに、地球上の存在でただ人間だけが全機していないのである。だから悩みをいだく。これは、人間に特有の大きな前頭葉がなまけて全機していないからしい。つまり、前頭葉が全機していないから、人間が全機していないという理《ことわり》なのだ。このような前頭葉を全機させ、ひいては人間を全機させるのが、六波羅蜜なのである。

自分を見つめるもう一人の自分が大切

この前頭葉の役割には、創造性や情操などいろいろあるが、それらの内でも、とりわけ重要なのが「自己」である。

ひとくちに自己といっても、われわれ人間では、それは二重構造をしていて、ふつうに思っている自分（下位の自分）のほかに、その自分を見るもう一人の自分（上位の自分）というものを天から授っている。だからその上位の自分を全機させる必要がある。これが持戒の目的なのである。

仏典には、戒なしに好結果を得ようとするのは、足なしに行こうとし、翼なしに飛ぼうとし、船なしに渡ろうとするようなものだ、というたとえがある。

この上位の自分とは、いってみれば反省する自分である。いま（下位の）自分はどういう心持ちでいるのか、何をしたがっているのかを、眺め知っている自分である。ひとに対してはうそをつき、だますことができるが、自分自身はけっしてだますことはできない。たとえ口に出すところまでいかなくても、こころが動いただけで、そのことを自分はちゃんと知っているはずだ。

いわば、自分が自分を監視しているわけだから、この二つの自分が対立する場合も多い。練習はキツイのでしたくないが、競技には優勝したいと思うなど、この対立の例である。このように対立したとき、なまけたい自分にむち打って猛練習して好成績をおさめることができれば、それはいわゆる「己《おのれ》にうち勝った」ことになり、すがすがしい気分を味わうことができる。弱い自分にうち勝った歓喜である。その分こころが豊かになったのだ。世間一般では、これを、「自己が強い」と表現している。持戒はこのように自己を強くする修練なのである。

誓いを立て、できることから実行する

自分の悪いくせを治そうとするのは持戒の一つである。禁煙なら禁煙で、ひとからいわれていやいやたばこを吸わないのではない。自分が自分に命令して吸うのを止め

るのである。また、ひとが見ているから仕方なしに、道ばたに吸い殻をポイ捨てしないのではない。ひとが見ようと見まいと、自分がそのように決心したからには、捨てないのである。このように受動的ではなく能動的だから、持戒にはしんぼうの一面もあるが、反面、とても気持ちがよい。

持戒を実行するには、まず目標として自分で戒の内容を決める必要がある。とうていできもしない遠大な目標はたてないほうがよい。すぐにくじけてしまうからだ。これならば可能だというていどの、一・二倍ないし一・三倍くらいがよい。そしてひとたび決めたならば、かならずそれを実行すると固く誓うことである。

たとえば、禁煙は一種の持戒だが、たばこを一日に二十本吸っているひとが、いきなり明日から一本も吸わないという目標をたてるよりも、今週は日に十六本に減らそうくらいの無理でない軽い目標をたて、そのかわり、かならずそれは実行するのである。ここが持戒の肝心なところで、挫折したのでは意味がなくなってしまう。

脇道へそれるが、筆者はかつて、一本のたばこを、先の3分の1、中間の3分の1、吸い口に近いさいごの3分の1と三部分にわけて思い考えたことがあった。先の3分の1は最初から煙となってたばこ本来の役目をはたす。そのとき中間の3分の1と、さいごの3分の1は、先端の3分の1を支えるホルダーの役目と同時に、フィルターとして作用し、たばこ本来の役ははたしていない。しかし火が進んでくると、その中間部分は煙となり、ようやくたばこ本来の役をはたすことになる。問題はさいごの3分の1である。この部分は吸われずに、つまり、たばこ本来の役目はまったくはたさず、灰皿でぐしゃぐしゃにされるか、道ばたへポイと捨てられる運命にある。筆者は、このさいごの3分の1に対して気の毒な感じをいだき、たばこを消すときにはこころし、冥福を祈ったことがある。かつて惰性的に消していたことが、たばこに申し訳なく、はずかしくなったからだった。

話をもどそう。いよいよ一日一本から完全禁煙へいけるかどうかの戦いである。勝つか負けるか、食うか食われるか、下位の自分と、上位の自分との決戦のときである。こころを豊かにしたいのならば、この決戦で、絶対に上位の自分が勝つ必要がある。勝てば健康上はいうまでもなく、精神的にもすがすがしい達成感と自信が得られる。もしも負けると活気のない陰鬱《いんうつ》な気持ちが襲いかかる。下位の自分に流されながら、敗者の劣等感にさいなまれつつ、日々を送ることになる。

思えば、この内面的な戦いは背筋を正させ、また平和ぼけを防ぐ。他に対する外的な戦い、とくに戦争は悪だが、このような内的な戦いは人間には不可欠だ。さもなくばだらけた人間になってしまう。持戒が六波羅蜜に入っているゆえんである。

お薦めする四つの「日常の戒」

仏教では、出家が守るべき戒とか在家のための戒とかが、きちんと決められてるが、今日の在家のわれわれ一般には適さないところが見られる。だからここでは、筆者なりの考えで、今日現在に活かして意味のある戒のいくつかを、述べておきたい。もちろん各人顔がちがうように、くせや持ち合わせておられる弱点もことなるであろうから、戒も各人それぞれにちがったものになるはずであるが、以下は誰にも共通すると思われるものの一部である。

細部にわたっては、めいめい静かに自分なりの戒を決めてほしい。

（一）「自己中心的な考えや姿勢をしない」

これは誰にとっても、もっとも大切な戒である。口では平等をとなえながら、自分を大切にし、ひとを軽んじるのは、誰しもがもつ弱点だからである。人間には、自分は正しくひとは間違っていると、本能的に考える性癖がある。その逆に、ひとは正しく自分のほうが間違っているのではないかと反省するくらいで、ようやく、客観的に見て、自他の平等が実現すると思われる。

現今の地球環境の諸問題は、われわれが人間中心的な姿勢をとってきたしっぺ返しではないか。「炭酸ガス削減への参加」もこの戒に入る。電気のスイッチをこまめに消し、エネルギーのむだをなくそうと全員が誓う必要がある。

（二）「すなおに謝る」

何かことが起きたとき、自己弁護がはたらき、なかなかすなおに非を認めて謝れないものだ。新聞を見ていると、政治家や社長さんにさえも、そういう方がかなりおられる。日々の生活や仕事の上でもこの戒は重要である。これをこころがけるだけでも、りっぱな戒になる。

（三）「正直」

自己弁護のために、つい軽い気持ちで、自分がしでかした悪をかくしたり、うそをついてしまうものだ。すると、つじつまを合わせるために、第二のうそをつくことになる。さらに第三番目のうそへと発展することもまれではない。こうして、うその上塗りをしているうちに、上塗りが厚くなってしまい、「実はこうだったのです」と非を認めることが非常に困難になってしまう。

（四）「ふきげんな顔をしない」

妻に、あるいは夫に、また家族に、はたまた職場で、毎日にこやかに明るく柔軟に接することができるようにと誓って実行することである。次の章で説明するが、これは易しいようだが容易なことではない。「お釈迦様はけっして怒り給わず」と伝えられているが、一年中一回も腹を立てないということだけでも、たいへんである。これができれば立派なものだから、ぜひ戒としてお薦めである。

怒らなければ悪はなくせないという考えは間違いである。怒らずに叱る、という態度こそが必要なのだ（52ページ参照）。

物を粗末に扱わない

科学技術時代の今日、われわれが物から受けている恩恵の度合いは、昔とはくらべものにならないほど絶大だ。それに比例して、物の殺生も昔とはちがって激しく、目にあまる。いや、物の殺生という概念が理解できない人さえ少なくない。物を大切にし、まだ生きている物を廃棄しないようにこころがけるのも、現代としては、重大な戒である。

まずは、物に愛情をもち、物の声を聴く練習から入るのがよい。筆者は技術者だから、製品はわが子という気持ちがする。だから物はしゃべりはしないが、その声は聞こえる。ドアのちょうつがいが油がほしいといっている。油を差してやると、ちょうつがいは喜び、こちらの気分はホッとする。こころもうるおう。

戒をもつことは、貴重な宝物を惜しむように、また命を守るようにこころせよと、仏典にはさとしてある。

◉その三

忍耐

（にんたい）　こころを波立たせないこと

習い性となることを忘れてはならない。
習慣というものは身につくと、
人生までをも変えてしまうものである

忍耐

六波羅蜜の第三は、正式には忍辱《にんにく》とされているが、この用語は現代にそぐわないので、以下「忍耐」と読みかえて進めることにする。

六波羅蜜でいう忍耐は、こころを平静に保つ修練である。こころを静めておかないと、大切な智慧が得られないからだ。

悪口をいわれると腹が立つ。腹が立つと、こころははげしく荒れ狂い、大波が立つ。これはだれしも経験ずみのところだろう。こころが波立つと顔はきびしく、言動はおだやかでなくなり、ひとに対する態度も悪くなる。理性もうしなわれて、冷静で正しい判断ができなくなる。健康にも悪影響をもたらす。とくに心臓には直接ひびく。だから、どのような悪口をいわれ、どんなにはずかしめられても、耐え忍ぶのがよい。

慈悲のこころで思いやる

「忍耐」には、入門から卒業まで、大別してつぎのように三段階があると考えられる。

［第一の段階］

「バカ野郎！」とどなりたいくらい、こころのなかは煮えくりかえっていても、それをじっとがまんして顔や口に表さない初段階。これがふつうにいう忍耐だろうが悶々《もんもん》として体に悪い。どなって発散させたほうが体にはよいのかもしれない。しかし、きっと後味が悪い。ひとは「はい」といってその場は従うかもしれないが、りっして心服はしない。本人はかならず後悔する。だから、こころで怒っても、顔に出さないのがよい。この初段階はこころが平静さをうしなっているのだから、はやく抜けださなければだめだ。それには「忍耐のコツ八カ条」（45ページ参照）を実践することである。

［第二の段階］

そのときは腹が立っても、腹の虫をおさえ、納得ずくでこころの平静をとりもどすという段階。創造的でやわらかいこころが必要だが、このレベルが身につけば、まずは及第である。自分のこころの波立ちがかなり治まるだけでなく、それが周囲に影響して、人間関係や人生までもが改善される。功徳《くどく》が与えられる。

［第三の段階］

最後の智慧の章で述べる天地の真理がわかってくると、宗教的な境地に入り、どんなはずかしめに出会っても、怒る気はまったくなくなる。平然として、どこ吹く風といった気分だ。たとえば「実体としての自己はない」ということがわかるので、自分に執着しなくなるからだ。怒るのは自分が残っているからで、無自己ならば怒るわけはない。

あるいは「善・悪すべての現象は仏様からのありがたいプレゼントだ」とわかってくるので、怒るどころかありがたく拝むようになる。こうなれば、忍耐の完成段階である。これについては後ほど詳述する。

喜びすぎにも忍耐が必要

なお、気をつけたいことだが、忍耐は、悪口やはずかしめを受けたような、マイナスの状態の場合だけでなく、逆にプラスの、得意な状態になったときにも必要なのである。喜びすぎは怒りと同様に、こころを波立たせるからだ。

ばか喜びをしたり、それを鼻にかけたり、いつまでも有頂天になって周囲にいいふらしたりするようになると、まわりもよい感じを受けない。自慢は聞き苦しく、謙虚は美徳のゆえんである。淡々とした姿勢になり、あっさりと、なるべく早く得意な心理状態から離れるのがよい。

忍耐のコツ八カ条

かつて筆者が、旧制高等学校時代に、その校風として身につけた忍耐のための姿勢は、「誇り」あるいは「はじを知れ！」であった。「なんだ、あんなやつがいうくらいのことは相手にしない」という超越した気持ちで、いやな感情を乗り越えていた。この姿勢はたしかに有効で、他に方法がなければこれを使うのもやむをえないとは思う。だが他人を見下す姿勢だから、お薦めはしない。自分に危害を加えようとする人までをも拝む仏教には適さない。

しかし以下の八つは、推薦できる。これを応用すれば腹の虫を押さえることが容易になる。ただしどれもが、創造的な柔らかい頭を必要とする。

（一）〈自分を見る自分をはたらかせて、理性的になってみる〉

悪口をいった当の本人とは別れて帰宅し、ふとんにもぐりこんで目をつむってからでも、腹の虫がおさまらずに気がくしゃくしゃしているという状態は、だれもが経験しているだろう。そういうときは理性的になって、前の章で述べた、自分を見るもう一人の自分を発動させるのだ。すると今自分は悶々《もんもん》としているが、当の相手は今そこにはおらず、一人相撲をとっていることに気づく。「こんな怒り方は何にもならないではないか。ばかばかしい限りだ、こんどあいつに会うまでは怒るのを止めよう」と思うだけでけっこう気は静まるものだ。

フッと怒りたくなったときに、「アッそうだ、忍耐、忍耐」と、こころのなかで自分にいい聞かせるだけで、不思議と気が落ち着くものである。これも、自分を見るもう一人の自分が発動したからである。

（二）〈評価基準を変えてみる〉

「こんなにきれいな花が咲く木にも、トゲがある」という言い方にはツンとした拒否的なものを感じるが、「トゲがあるような木にも、こんなに美しい花が咲く」といい直すと、どことなく温かい感じがし、こころに受け入れやすくなる。これを人間関係に応用するのである。

たとえば「月に一週間も休む」というのを「月に三週間も働いている」と思い直すとか、「あと五日しかない」を「まだ五日もある」とこころにいい聞かせるのである。*一 悪口をいわれたときには、「殴られるよりはましだ」と、また殴られたら、「殺されるよりはましだ」と思うのも、これに当てはまる。

（三）〈現状から、そこへ至ったプロセスへと、着眼点を変換してみる〉

たとえば「ぼろぼろで汚い花」（これは目前のいやな現状）と感じた瞬間に、着眼点を現状から過去へと変えてみること。「ぼろぼろになるまで一生懸命咲き、多くの感動を与えた花」*一と、直接目には見えないが、そこにいたるプロセス（過程）に気持ちを向けてみると、こころがなごむ。この原理を応用する。

(四)〈自分も相手と同じだと思ってみる〉

夫に対して「好きなだけ酒を飲むひとだ」と不服なとき、「私だって好きなだけ甘いものを食べているんだわ」*一と思えれば、楽に忍耐ができる。

ある日家内が外出し、向こうへ着いてから重大な忘れ物に気づき、時間も切迫していたので、往復タクシーで取りに帰ってきた。筆者はとっさに「ばかな、何ともったいないことか！」と心中は波立ったが、家内には文句はいわずにおいた。その日の夕方、筆者は風呂に入ったとたん、小さいことながら三件もの忘れごとに気づかされた。「まったく、ひとのことはいえないな」と反省したら、こころが治まった。一事が万事である。

(五)〈否定よりも思いやり〉

「あびるほど酒を飲むやつだ」という気持ちで相手をみたときに、「あ、これは否定的なこころだ。肯定的に改めよう」と気づいて、「なにか酒を飲まずにはいられない、やむにやまれないわけがあるはずだ」*一と慈悲の気持ちを発動するのである。

（六）〈被害者意識を、太っ腹意識へ変換してみる〉＊一

「自分勝手なあいつが私を困らせる」と思うと、自分は被害者意識にさいなまれるが、「私が彼を自由にさせてあげているのだ」と太っ腹な気持ちになってみると、忍耐しやすくなる。

（七）〈別に美点を発見してみる〉

「口が悪いいやなやつだ」という気がしたら、その相手の別の美点を発見して、そちらへ着眼点を移すと気持ちが楽になる。たとえば「しかし字はきれいなひとだ」＊一と思うたぐいである。

（八）〈三性《さんしょう》の理《り》〉

われわれは、一つのものに関してまったく正反対の二つの言葉をつけて、それを別々のものだと錯覚している。たとえば人間側の成功とか失敗という価値観を超越して、淡々とその物理現象を眺めてみれば、宇宙には自然法則からはずれた現象は一つもないのだから、たとえ失敗でもそれは神聖な天地の真理の顕現だとわかる。これを三性の理という（97ページ参照）。ただその現象が人間の当座の目的に合わないとき失敗といい、目的に合致したとき成功と呼んでいるにすぎない。だから、「失敗した、くやしい！」と思ったら「目的を変えれば大成功の鍵が現れたのだ」と思い直すことができる。

ノーベル化学賞を受賞された、筑波大学名誉教授である白川英樹先生の電導プラスチックや、島津製作所の田中耕一さんの研究は、失敗が発端になっていたのである。この原理がわかると、（自分の失敗、他人の失敗を含めて）失敗に怒るどころか、合掌する気持ちに転じる。すれば、下記のような最高の忍耐ができる。

この八ヵ条は日常での原則を示したにすぎないから、これを実践するには、そのときその場で、即興的に応用しなければならない。それには、ものごとに固執しないやわらかい頭と、日々の訓練が不可欠だ。

とくにスポーツや楽器演奏のような体で覚えなければならぬものはそうだが、忍耐もそうである。毎日繰り返し練習してこそ身につく。理屈は一回聞いてわかるが、それを本当に身につけるには日々の行が欠かせない。人はその気さえあれば何でもできるように思いがちだが、そう簡単に問屋はおろさなくて、習い性となることを忘れてはならない。習慣というものは身につくと、人生までをも変えてしまうものである。忍耐のようなよい習慣が身につくと、ことさら意識して努力しなくても、容易にことが運んで行く。

最高の忍耐とは

金剛経《こんごうきょう》というお経がある。ダイヤモンド（金剛石）のように何でも切ってしまう力強い智慧が身につくお経で、空という字を一字も使わずに「空《くう》」という重要な智慧が説かれている。にわかに難解な話になるが、このお経のなかに、

忍《にん》辱《にく》波《は》羅《ら》蜜《みつ》　如《にょ》来《らい》説《せつ》非《ぴ》忍《にん》辱《にく》波《は》羅《ら》蜜《みつ》　是《ぜ》名《みょう》忍《にん》辱《にく》波《は》羅《ら》蜜《みつ》

という箇所がある。訳せば「仏が説法されるには、忍耐とは、（ふつうにいう）忍耐を超《こ》えたものである。これを（本当の）忍耐という」ということになる。ついでながら、仏典に見られる「非」という文字は、英語のＮｏｔを表すのではない。Ｎｏｔだと思って読むと、何をいっているのかちんぷんかんぷん、まったくわからなくなってしまう。「非」は「超《こ》える」という意味にとってほしい。

この箇所は、要するにこういうことなのである。「最高の忍耐とは、『腹が立った、今ここで忍耐しなくてはならない。では忍耐のコツ八ヵ条で考えて腹の虫をおさえよう』というようなレベルのものではない。『知らず知らずのうちにひとりでに忍耐してしまっている。今忍耐しているという自覚さえもまったくない。悪口に対しても平

気の平左だ』これこそが最高の忍耐と呼ぶにふさわしいものである」という意味である。それはあとの「智慧」の章で解説する「空《くう》の智慧」あるいは「宗教的な境地」が身につくからである。

仏教では、「善であろうと悪であろうと、たとえ不条理としか考えられないような事態もふくめて、すべての存在、あらゆる現象に対して、なんらかの意義を認め、その意義が全機（31ページ参照）するように心得て行動せよ」と導く。そのように、こころを練り上げてゆくのである。

やさしくいえば「すべては、その時々に最適の仏さまからの贈りもの」なのである。悪口も失敗も仏からのプレゼントというわけだ。ただわれわれの無智[*二]のせいで、残念ながらそうだとわからないのだ。怒るどころか、ありがたく拝んで、なぜそれが今与えられたのか、やわらかいこころで熟慮しよう。

われわれは、この最高の忍耐をめざして日々努力すべきだ。そうすれば気持ちが楽なばかりか、人生が真理のレールに乗ってくるので、すらすらと運んでゆき、弱かった己《おのれ》に打ち勝ったすがすがしさが満喫できる。その分自己が強くなったのである。

怒らないで叱る

怒るのと叱るのとを混同させて、叱っているつもりが、じつは怒っている場合がほとんどだ。たいていはカッとなって叱っている。そういうときも忍耐が必要だ。相手に反発感を抱かせずに心服させるという、ほんとうに有効な叱り方は、「腹を立てずに叱る」という姿勢である。相手のこころが開いて、忠告の受け入れ態勢ができるまで、じっと叱るべきチャンスを待つのも忍耐である。こころが閉じているときに叱っても、忠告がはねかえってきて、無効に終わる。

人間の力は有限で、自分の力で、自分の思うようにひとを直そうとすることには限界がある。非常にむずかしい。自分のわがままもゼロではなかろうし、相手の言い分もあるだろう。宗教的になれば、ことさら直そうとしなくても、ひとりでにうまくゆくようになるものだ。深い神仏の願いに沿って、どんな不幸にでくわしてもめげず、どんな難問に遭《あ》っても正しく克服できるこころの力を養う努力が、ほんとうの忍耐なのである。

注　（一）小林正樹『法座／結びにおける仏性礼拝型アプローチの一考察（4）―「無評価の肯定」という意味転換の方法』CANDANA No.233, 2008 MARCH　中央学術研究所 p5～6

（二）仏教では無明（むみょう）という。

●その四

精進

（しょうじん）　われを忘れるまで懸命に行なうこと

大切なのは主体性である。
「やらされている気持ちがなく」
みずから進んで自分のこととしてする、
という姿勢でなければ、精進は実行できるものではない

精進とは、説明するまでもなく一生懸命に行なうことだが、「われを忘れるほど一心にする」という点が肝要である。気が散ると効果がなくなる。まずはその効果がどんなものかを実例で示したい。

ロボットコンテストに表れた精進の功徳

ロボットコンテスト（以下「ロボコン」と略す）という催しがある。手づくりロボットによっていろんな課題をこなす面白い競技である。大学から中学校まで、いろんなレベルで行なわれており、その一部はＮＨＫテレビでも毎年放映されている。その中学校版のひとつとして、青森県八戸《はちのへ》市《し》の第三中学校で行なわれたロボコンを紹介しよう。

御多分にもれずこの学校も、以前は荒れた教育困難校だった。しかしロボコンに精進したおかげで、青森県随一の模範校に劇的に変わった。ロボコンを体験した生徒たちの感想文がそれを示している。そのいくつかを示したい。

十五歳の三年生七十五人の感想文のうち、先生をあがめ、ロボコンに感謝の意を表明したのが六十件もあった。学校をうらみ、先生になぐりかかる学校が多いなかで、

奇跡的である。そのなかで最高の謝意を表した文として、

「……頭のなかで、書くことが、こんがらがっていて文章がへんですが、ぼくの気持ちをわかってもらえたでしょうか。下山先生に会えてよかったです」

というのがある。下山先生とは、このロボコンを献身的に推進しておられる方だ。私たちは長い人生で、本心から「あなたに会えてよかった」といえる人に何人出会うだろう。十人にも満たないのではないか。この子はそんなにも感謝するようになったのだ。

「苦しく楽しかったロボコンも、あっという間に過ぎ去ってしまった……」

という文も見られる。これは精進のキーポイントをよく表している。後の智慧の章でくわしく説明するが、すべては正反対のものによって支えられているのである。登山を考えてみればすぐわかる。苦しみながらあえぎあえぎ登るから、頂上での楽しさは大きいのだ。ヘリコプターで頂上へ行ったとしたら、その楽しさはけっして味わえるものではない。苦と楽とは紙の表裏のように同居している。そんな哲理を、この子はロボコンで悟ったのだ。しかも「あっという間」が利いている。精進し打ち込んでいると時間が停止する。だからこの一句は、一学期間にもおよぶロボットづくりが本当の精進だったことを証明している。

「……僕は機械というものは、必ず動いて人間の役に立つものだと思っていた。動かない機械は役に立たないのでお払い箱にしていた。しかし、このロボコンをとおし

て、機械が好きになった。動かない物なら、動かせばいい。役に立たないなら、役に立てるようにしてやろう、という考えをするようになった……」

ともいっている。これは機械救済の仏心である。この世に出現したからには、すべては役に立つ。役に立たないのは、人間が役立てないからなのだ、と仏教では教える。ロボットづくりに精進すると、こういうこころが湧き出すのである。物の仏性《ぶっしょう》*一を開き現す精神ではないか。

このロボコンはチームで行なわれる。チームの各メンバーは、勝ちたいから、しかも人間には我《が》があるので、おれがおれがと個人の意見が強く出て衝突が起きる。それで、こんな文を書いた少年もあった。

「僕は、ロボコンをとおしていろいろなことを学びました。たとえば、仲間と協力して何かをするということです。自分の意見や他人の意見一つだけにとらわれずに、自分の意見と他人の意見を混ぜ合わせてさらにいいものをつくっていくことが大切だということがわかり、しょうらいのためにいい勉強になった……」

十五歳の見解だが、国会議員の与野党双方に読んでほしい内容ではないか。このような相互理解、ゆずりあい、協力の大切さに目覚めた感想文は、七十五人中、五十五人にもおよんだ。

ロボコンのエキスは、競技という結果よりも、そこへいたるロボットづくりの過程にこそある。生徒たちはロボットづくりに夢中になり、失敗をくりかえしながら苦労を苦労とも感じずにがんばる。要するに「物づくり三昧《ざんまい》」だ。その結果「作品はわが分身」という気持ちがわく。この子は不憫《ふびん》にも父親の葬儀でロボコン競技の本番の日には欠席せざるをえなかった。そのときの気持ちは、

「まるで自分の子どもの運動会に行けなかった親のような気分になった。でもチームのみんなは一生懸命やってくれたらしい。僕は自分のつくったロボットのいわば晴れの日ともいうべき日に行けなかったが、……僕がその場所にいなくても、僕のつくった物や自分の持ち物がその場所にあったら、その物に宿った僕のこころが代わりに見てくれるのではないだろうか。……もしこの考え方で考えるとしたならば、僕は物を絶対にそまつにしたりできないだろう。……もし全人類がロボコンのようにすばらしいことを体験し、何かに気がついたとしたら、自分だけではなく他人やすべての物にも思いやりがもてるようになるとおもう……」

完全に、物にこころが乗り移っているのがわかるだろう。だから、教えたのではないのに、ひとりでに物を大切にしようと悟っている。精進のおかげである。

しかもこの子は「何かに気がついた」のだ。このことの意味は重大である。気がつけば、たちどころに見える世界が変わる。きっと彼は、この世の中が美しく見えるように一変したことだろう。この「何か」の内容はくわしくはあとの智慧の章で述べるとして、とにかくこの少年は物にも仏性*一があることに気づいたのだ。だから「僕は物を絶対にそまつにできない」とか、「他人やすべての物にも思いやりがもてるよ

うになった」とかいっているのである。

物に仏性があることがわかれば、人にもあることは当然わかる。六波羅蜜は、この「気がつく」ためにこそあるのだ。八十年、九十年と生きても、人生の重大事に気づかずに、人生の真実味を知らないで一生を過ごしてしまうひとが圧倒的に多い。それなのにこの少年は、十五歳にして気づいたのだ。

以上はほんの二、三人の感想文からの抜粋にすぎないが、こういった類の感想文が七十五人分出てきたのである。しかも学業成績とは無関係に内容がいい。ここから、「物づくりは人づくり」という標語が生まれたくらいである。

無心になれば気づかされる

少年たちが成長したのは、ひとえにロボコンに精進したおかげである。筆者は小学校時代からそうだったが、物づくりが好きで、物づくりをはじめると文字どおり寝食を忘れて打ち込んでしまったものだ。今にして思えばその打ち込んでいたときには、われを忘れていた。

この「われを忘れる」ということが、精進の大切なキーポイントだと思う。

「われを忘れる」とは以下のようなことをいう。物づくりを例に取れば、自分がいて、相手として物があるという、自分（見る者）と物（見られる物）、という二つが対立した状況になっている。

しかし熱中し夢中になってくると、——自分の感じ方という主観的な世界での話だが——そこから自分（見る者）が消えて、物（見られる物）だけになる。自分と物という二つの世界が、物だけという一つの世界に変わるのである。二つという精神の分裂状態が、一つという精神が統一された状態になる。そのとき精神世界には「物」だけしか存在しなくなる。これが、われを忘れた状態なのである。この状態を「三昧《さんまい》」という。一心になった雑念のない状態である。

このような三昧に入ると、その人間のなかから仏性が表れだす。これが修行《しゅぎょう》の意味である。上記の八戸三中では、ロボットづくり三昧をとおして、生徒たちは修行し、それによって彼らの仏性が表れたのだ。日本で生まれた世界に誇るべき西田哲学*二では、このことを、

物来たってわれを照らす

と表現されている。ロボット来たって少年たちの仏性を照らし出したのだ。

三昧は、何も物づくり三昧にはかぎらない。すべてについて、気を散らさず、われ

を忘れて集中して行なうのがよい。そして三昧からふつうの状態にもどったとき、頭のなかがスーッとした気持ちがするだろう。*三

こういった（物づくり三昧のような）三昧を、禅宗では「個三昧《こざんまい》」といっている。個別の三昧という意味だそうである。これに対して「王三昧《おうざんまい》」というのがある。これが次章で述べる坐禅による三昧のことである。最高の三昧というわけだ。

大火を消そうとした雉《きじ》

大智度論《だいちどろん》という仏典に、こういう話が載っている。

野火によって林に火がつき大火事になった。その林のなかに一羽の雉が棲んでおり、遠くの池まで飛んでいって水中に入り羽毛をぬらし、もどってきて林の上からそのしずくを振りかけることをくり返して、火を消そうと懸命になっていた。

もちろん火は強く、そのていどの水は問題にならなかった。何度も往復して雉は疲れ切ったが、苦としなかった。そのとき帝釈天《たいしゃくてん》*四が現れて、雉に「何をしているのだ」と聞いたところ、雉が答えていうには「私がこの林を救おうとしているのは、林のな

かの衆生をあわれむからです。この林は陰が多く涼しく快適で、私たちの仲間の諸動物・諸生物はこの林のおかげで育ってきたのです。私には体力が残っています。どうして怠けて救わずにいられましょうか」と。帝釈天が問うた。「お前はいつまでがんばるつもりか」と。雉がいうには「死ぬまでがんばります」。「お前の気持ちはそうかもしれないが、誰がそんなことで火が消えると思うものか」と帝釈天はいった。

そこで雉は誓いを立てて「自分のこころがほんとうに誠実で、うそいつわりがなければ、火はかならず消えます」と答えた。そのとき浄居天《じょうごてん》*四は雉の誓いに感じて火を消してくれた、というのである。それ以後今日に至るまで、この林だけは火に焼かれずに、生え茂っているという。

精進とはこのように、自分が精進になりきること、われを忘れて一心不乱にうちこむことが肝要である。そして大切なのは主体性である。「やらされているという気持ちがなく」みずから進んで自分のこととしてする、という姿勢でなければ、精進は実行できるものではない。この雉がそうである。

布施や持戒についても同様である。仕方なしに、いやいや、という気持ちは宗教では禁物だ。勇猛心を起こし、あるいはすべてを絶対的なものにまかせきって、みずから進んで感謝・喜びの気持ちに支えられてこそ、成就するのである。

人は殺さなければ生きられない

精進料理といって、肉や魚などを入れない植物ばかりの料理がある。われわれ在家の者は法事などでそれを経験する。

これは、ふつうには殺生をしない料理と思われているようだが、考えてみれば、植物を殺すことは殺生にはならないのかという疑問がわく。植物も生命をもっているからである。動物を食べないから、自分は殺生をしていないなどとはいえないと思う。本当をいうと、他を殺さなければ自分は生きられないのである。この矛盾をかみしめてこそ、食事の前に「いただきます」と合掌する意味がわかる。

ところで筆者の師である後藤榮山老大師が、みずから精進料理の意味を、つぎのように発見された。

六波羅蜜は、元来は正六面体のように一つのものを、仮に六つにわけたものだが(11ページ参照)、次章で説明する禅定《ぜんじょう》に入るように坐禅に努めるのも、りっぱな精進である。いや、むしろ坐禅に重きをおく禅宗では、坐禅こそが精進だというほどだ。

その坐禅だが、専門道場では大摂心《おおせっしん》といって、日常の坐禅のほかに、毎日午前三時から午後九時まで、一週間坐禅し抜く修行が月に一回ある。もちろん食事もとりトイレにも行くわけだが、大摂心のとき食事の係はメニューに非常に神経を使うそうである。その一週間の途中で、うっかり肉とかカレーとかを食べてしまうと、坐禅の呼吸が乱れ、せっかくそれまで努力したことが台なしになってしまうという。「精進料理とは、坐禅という精進がうまくゆくための料理」だと気づかされたと老大師は述懐されたのである。

ついでながら、坐禅を続けると顔つきがよくなる。筆者のわずかな体験でも、坐禅のあとは眉間の八の字のシワが取れたような感じになる。大摂心のとき記念撮影をするならば、一週間のうちの四日目がよいとは、老大師の話である。

人生何事によらず、すべて全力投球。睡眠や休憩さえも全力がよい。これが精進である。

注
（一）「仏性」のこと。「布施」の章で述べた（21頁）。内に隠れている「仏になりうる可能性」。
（二）西田とは西田幾多郎のこと。禅を離れて西田哲学は語れないといわれている。高校時代の同級生に仏教学者・鈴木大拙がいた。
（三）「三昧、三昧を知らず」という諺どおり、三昧に入っているときにはそういった気持ちもない。もしそんな気持ちを感じたならば、三昧に入っていない証拠である。
（四）帝釈天も浄居天も天人の一つ。

◉その五

禅定

（ぜんじょう）　こころを完全に落ち着けること

何かが現れたら、「これはいけない」などと思わず、
相手にせずに放っておくとよい。
追いかけないことだ。
そうすれば、ひとりでに向こうから消えてゆく

禅定《ぜんじょう》は、体験なしには無意味である。ふつうには「まず坐《すわ》れ」と指導される。かといって、何も語らなければ手がかりさえも得られない。そのことを承知のうえで以下を書く。筆者は坐禅体験は少々はあるものの、禅宗の僧侶のように坐り抜くような修行はしていない。専門家でない者が執筆することになるが、そのほうが在家の身になれるのでよいのかもしれない。

智慧は禅定から生まれてくる

この世界の真実の姿のことを「実相《じっそう》」というが、これを知らずには正しい判断も生き方もわからないという理《ことわり》は、おわかりになるだろう。仏教では実相を知ることに「観《かん》」という文字を用いている。天台宗には「止観《しかん》」という修行があるが、これは坐禅と同じ意味内容をもっている。

「止」とは、こころを動かさず、一つのところに止めて精神集中することであり、「観」とは、その「止」によってクリーニングされた頭から湧き出す智慧で、実相をはじめ、天地の正しい道理を観《み》抜くことをいう。「止」なしに「観」はありえない。

坐禅は専門家について習うのが最良である。少なくとも基本の大切なところはそうである。しかし現実問題、寺の数は多いが、禅宗の寺はその一部に限られ、そのなかで積極的に門戸を開いて、現代人に適したように坐禅を指導してもらえる寺は、非常に少ない。さらに、坐禅を習おうとやっと寺を見つけても、禅寺の宗風からいって、愛想よく「さあいらっしゃい、いらっしゃい」ではなく、孤高で凛としていて近づきがたい感じがする。敷居が高く入りにくい。ようやく入ったとしても、坐禅は漢方薬のようなもので、抗生剤のような速効を求める現代人とはマッチせず、はじめは足が痛いだけに終わり、二、三回で挫折してしまう人が多い。

とはいえ、インターネットなどから検索すれば、門戸を開いて坐禅を指導されている寺院がいくつか見つかるし、在家のための坐禅会もまったくないわけではない。

わが国の禅寺には、曹洞宗《そうとうしゅう》の寺と臨済宗《りんざいしゅう》の寺とが*一ある。数は曹洞宗の寺が圧倒的に多い。曹洞宗は庶民の禅宗であり、臨済宗は武家の禅宗だったという因縁だろう。

曹洞宗と臨済宗とでは坐禅の仕方に微妙な違いがある。曹洞宗では面壁《めんぺき》といって壁に向かって坐るが、臨済宗では壁を背にする。

警策《けいさく》（たたく棒）でのたたき方が、曹洞宗では後ろから肩を打つが、臨済宗では前から修行者をかがませて背中をたたく。曹洞宗には只管打坐《しかんたざ》というスローガンがあり、ただひたすらに坐禅するが、臨済宗では公案《こうあん》を用いた禅問答によって坐禅が正しく進んでいるかどうかを点検する。また坐蒲《ざふ》というお尻の下に敷くふとんの形が、曹洞宗では丸いが、臨済宗では座布団を半分に切ったような矩形をしている……などの違いがある。

坐禅入門

坐禅は、すくなくともあるていどの段階までは、寺や道場で、専門家について習うのがよい。寺や道場は坐禅に適した静寂な環境にあることもその理由の一つである。しかしそれがかなわない場合は、章末の注で紹介した本に従われることをおすすめする。ここでは以下に坐禅の仕方を必要最小限述べておこう。*二

満腹のときとか、ひどく空腹なときは避ける。寝不足・寝すぎもよくない。静かな場所を選ぶ。このごろの家庭環境では、静かな場所を選ぶことさえもむずかしいが、家族に協力してもらって、テレビの音、電話の声、人の会話などが聞こえないようにする。薄暗く風のこない場所が適している。

座布団を二枚用意し、床または畳の上にその一枚を敷いてそこにあぐらをかいて坐る。他の一枚は二つ折りにして（坐蒲という）尻の下に敷く。これは尻を高くして坐りやすくするためである。坐蒲はあまり深く敷かず、正式に足を組んだとき、両膝に

も体重の一部がかかるていどに、浅めに敷く。

靴下は脱いでおく。眼鏡もはずす。ズボン（スラックス）のベルトはゆるめ、下腹で腹式呼吸が楽にできるようにする。ネクタイは取り、ワイシャツの首のボタンもはずす。要するに体を締めつけているものをなくす。

坐禅の順序は「調身《ちょうしん》↓調息《ちょうそく》↓調心《ちょうしん》」である。すなわち身体の姿勢を調《ととの》え、ついで呼吸を調えると、ひとりでに心が調う、というわけである。

［調身］まず右足を左股《もも》の上にのせ、つぎに左足を右股の上にのせる。これで足を組んだことになるが、この組み方を結跏趺坐《けっかふざ》という。体がかたくて結跏趺坐ができないときは、左足を右股の上にのせるだけでもよい。これを半跏趺坐《はんかふざ》という。左右の足を逆にしてもよい。大切なことは、両ひざが床に（座布団に）ついて、両ひざと、お尻と頭とで四面体ができるかっこうになることである。ひざが浮き上がっていては、体が安定しないのでだめだ。体がかたくてこの姿勢がうまく組めない方は、もう一枚坐蒲をふやしてお尻を上げてみるなど工夫をする。それでもだめならば、無理をせずに正座でやる（正座も無理な方は、注（二）の本に椅子に腰掛けてする方法も説明してある）。

　つぎに、右掌を上向けて足の上（下腹のすぐ前）におき、左手をその上に重ね、両手の親指は先がかすかに触れるていどに互いに合わせる。すると両手で卵形の空間ができる。腰を立てて、下腹を前下に突き出すようにし、背骨を真っ直ぐにのばす。ややあごを引いて頭のてっぺんを天に向かって突き上げるようにし、頭は前後左右に傾かないようにする。

両くちびると上下の歯は軽く合わせる。舌を上あごにつけると、坐禅中に唾液が出るのが抑えられる。

目は半眼（半分閉じる）にして、前方約1mのあたりに静かにおとす。目を開いているといろんなものが見えて精神集中ができないし、閉じると眠くなるので半眼がよい。目線は、気がめいっているようなときには、やや上向き、つまり1mよりも先を見、気があばれているときには、もっと下向きにするとよい。

このようにして体の準備ができたら、腰から上だけを前後左右に数回ゆっくりゆすって体を落ち着かせ（はまりこむべき所へはめるという感じ）、いったん姿勢が決まったならば、あとは坐禅が終わるまで、一時間なら一時間の間は、絶対に動かないことである。その間動いているのは、心臓と腹式呼吸の下腹だけとなる。

要するに、坐った仏像の形になればよい。

［調息］体が調ったならば、つぎは呼吸を調える。呼吸は腹式で鼻をとおして行なう。最初に腹式で一回大きく深呼吸をする。このときだけは鼻で吸い、吐くのは口からハーッと吐く。

そのあとはゆっくりと静かに腹式呼吸を続けてゆく。時間と共にしだいにこころが落ち着いて、呼吸回数もへってくる。ふつう大人は一分間に十数回呼吸をくりかえしているが、それが十回になり、五回になり、筆者の場合一分間に二回までくらいになってゆく。師匠の和尚さんは、三分間に一回くらいにまでもなられる。最小限のエネルギーで生きているという感じである。いわば、生きたまま死んだようになることだ。

［調心］無心になることが大切だから、なにも考えてはいけない。考えてはいけないということすら、思ってもいけない。しかし実際は、坐禅を開始するといろんな考えがつぎからつぎへと立ち現れて、何も思わない、考えない、ということは、こんなにもむずかしいことかと感じる。そういった何かが現れたら、「これはいけない」などと思わず、相手にせずに放っておくとよい。追いかけないことだ。そうすれば、ひとりでに向こうから消えてゆく。こういった妄想を一呼吸一呼吸吐き出すように息をするのである。

入門のうちは気が散らないように、数息観《すそくかん》といって息を心中で数えるという単純なことだけに集中するのがよい。「ひとおーーーーーつ」と数えながらゆーーっくりと息を吐き、吐き終わったら腹をふくらませて静かに深く空気を吸い、吸い終わったら、「ふたあーーーーーつ」と吐く。これをくりかえして「とーおーーーーー」と十まで来たら、一へもどって、「ひとおーーーーーつ」からやりなおす。単純なことに集中しているから、ついつい一へもどることを忘れて、十一、十二とやってしまうこともあるが、それでもかまわない。息は短く吸って、長がーーーーく吐くのがよい。筆者は五秒くらいかけて吸い、二十五秒くらいかけて吐いている。すこしなれてくると、息の吐き方に乱れがなくなって、すーーーーっと、大地にキリを突き刺してゆくような感じで吐くことができるようになる。

こうしていると、ひとりでに下腹に力が満ちてくる。手の感覚がだるくなり、そのうちにその感覚も消えてゆく。額がひんやりして顔が青ざめてくるのがよいといわれている。*三 禅定に入ってきたのである。絶対の静寂というような状態で、耳が非常によく聞こえるようになり、寺での坐禅だと線香一本立てて行なうが、その線香の灰が落ちる音まで聞こえるようになる。遠くの電車の音や工事の金槌の音など騒音が聞こえ出すが、気にとめずに放っておく。

はじめのうちは足が痛いだけに終わるが、何回も坐禅しているうちに、足のことよりも睡魔が襲ってくるようになる。さらに続けてその状態を脱すると、坐禅も本ものの段階に入る。すると、魔というが、いろんな煩悩《ぼんのう》・妄想が湧き出してくるようになる。それを一つひとつ「むーーー」で決闘して殺してゆくのである。人間はいかに煩悩の塊かがわかる。疲れていると妄想は出にくく、禅定に入りやすいが、眠くなる。気をつけなければならないのは、観音様や仏様が現れたときだという。うっかりすると、坐禅中に仏に出会ったのだから、悟ったのだと錯覚する。ところが本当をいうと、その仏は妄想なのである。本当の世界は「無」なのだ。自分が消えて無になりきることが大事である。

ちょうどジェット機にのって窓から外を眺めると、無限に広がった雲海の上を飛んでいることがわかるが、あのような気持ちになればよい。

禅定に入ると、こころはまったく波立たない池の表面のように静寂になる。この状態は鏡にもたとえられている。禅定をとおして、無色透明の清浄さ、美しさがわかってくる。美醜のない美しさである。ふつうに世間でいう美は本当の美しさではなく、汚れた美しさだという気がしてくる。美醜をいうことそのことが汚いとわかる。さらに無色透明で何も無いということは、無限の虚空《こくう》に通じる。有限ならばその境目に、何かあることになるからだ。こころは禅定によって宇宙全体の大虚空に広がる。

禅定は、ぼんやりしてもうろうとなっているのではない。リラックスしてはいるのだが、集中力がみなぎって、火事でも起これば、すぐに飛び出せるような状態になっているのである。

つぎの智慧の章で述べるように、仏教のかなめは「一つ」にある。ゆえに、自分が坐禅をしているという気持ちでなく、坐禅が坐禅をする状態になることが大切である。前者では自他（主観と客観）の二つにわかれているが、後者では自他が一つになって分裂していない。これでこそ言葉どおり精神統一になっているのである。たとえば坐禅中に雨が降り出したとしよう。そのとき「雨の音が聞こえる」という感覚だと、まだ主客の二つがある。つまり雨の音と、それを聞く自分の二つにわかれているのだ。どういった状態になればよいかというと、「ぽたり、ぽたり」（雨の音）だけの世界に入ればよいのだ。

［出定］定を出る、すなわち坐禅を止めることを出定という。

寺や坐禅会では、線香一本が燃えきる時間（四〇～五〇分）が目安になっているし、また係が打つ小さい鐘の合図にしたがって坐禅を解けばよいのであるが、自分一人でするときには、坐禅をはじめる前にタイマーをセットしておく。カチカチと音のしないタイマーがよいから、携帯電話の目覚ましモードなどが適している。

坐禅を止めるにあたっては、いきなり粗暴に立ち上がらずに、静かに体を動かし、もしも足がしびれている場合には、足を解いてしびれがもどるまで待ってから、静かに立ち上がる。しびれたまま立ち上がると、倒れて怪我をすることがあるので気をつけてほしい。

そして、坐禅で得た自由で清々しい安定した心の状態を失わないように、行住坐臥すべてを坐禅とこころえて生活する。「定力を護持すること嬰児《えいじ》（赤ん坊）を護るがごとくせよ」と古人は教えている。

その五）禅定——こころを完全に落ち着けること

坐禅は分別のこころを消す

人の話し声は坐禅の邪魔になるのだが、ふしぎと虫の鳴き声は邪魔にならない。筆者は、夏の夕方、寺で坐禅していて蝉しぐれを味わい、そのときはじめて、松尾芭蕉の有名な句、

閑《しず》かさや岩にしみ入る蝉の声

の感覚がわかった。とくに「しみ入る」が筆者のこころにしみ込んだ。この句は芭蕉の禅定体験からにじみ出ているにちがいないのだ。この句は昔から知ってはいた。そしておろかにも、岩などに声がしみ入るわけはないと物理的に考えていたが、坐禅してなるほどと、ようやく合点できた。たしかに、しみ入るのである。

ところで、道元禅師《どうげんぜんじ》の道歌《どうか》*四に、

聞くままに又《また》心なき身にしあれば
己《おのれ》なりけり軒の玉水《たまみず》

がある。さすがにこれは永平寺の開祖、道元禅師の禅定体験からのものと拝察している。まずは「聞くままに」である。すでに述べたように、「ぽたり、ぽたり」だけ

の世界である。「ままに」がよい。また「心なき身」で無のこころが読める。次章で説明するが、禅定によって自己というものは無限に広がるのだが（逆の表現で、自己が消えるといっても同じこと）、禅師の場合、雨水は他ではなく、自己になっている。先に述べたように主客が一つになっている。これが「己れなりけり」だ。さらに坐禅の結果、世界や自然が美しくこころに映るようになる。だからふつうの人にとっては、ただの雨水だが、禅師には「玉水」と映っている。また、至道《しどう》無難《ぶなん》禅師は、大道の極意として、

ことごとく死人となりてなりはてゝ
　おもひのまゝにするわざそよき

とよんでおられる。上《かみ》の句は、坐禅しぬいて、という意味。すると下の句が示すように、思うままに振る舞っても逸脱しないで、真理のレールにのった人生を歩むことができる、ということになるのだ。禅定によって、天地の道理にかなった本当の智慧が身につくからである。

禅宗では、他の宗派よりも、ことのほか坐禅を重視している。日本臨済宗中興の祖といわれる白隠《はくいん》禅師《ぜんじ》は、今日でもこれ以上のものはつくれないといわれているほどの、立派な坐禅和讃《わさん》*五を著されたが、そのなかに、

布施や持戒の諸波羅蜜《しょはらみつ》　念仏懺悔《さんげ》*六修行等
その品《しな》多き諸善行　皆此《こ》の中《うち》に帰《き》するなり

という一句があるほどだ。ほかの波羅蜜、すなわち布施・持戒・忍耐・精進などは、すべて禅定にふくまれてしまうというわけである。先に禅定は六波羅蜜という立方体の底面に当たると述べたのが、この意味である。

注
（一）黄檗宗（おうばくしゅう）もないではないが、まれである。
（二）坐禅の入門を解説した書を一、二、あげておこう。
中野東禅《なかのとうぜん》著『心が大きくなる坐禅のすすめ』三笠書房。

　文庫本。在家の身になって懇切ていねいに書かれている。正式の坐《すわ》り方はもちろん、椅子坐禅・風呂坐禅・通勤電車のなかでの坐禅などまでも説明されており、寺での坐禅では習えないことにも言及されている。これならば実際に長続きするという気がする。

中野東禅著『目でわかる坐禅の入門』創作社、昭和五十四年刊。

　巻末に在家が参禅できる寺（道場）や坐禅会の案内が、全国から二百以上選びだして載せてある。ただし絶版になっているので、古書を買うしかない。
（三）考えごとをしていると顔が赤くなる。
（四）道歌は宗教的な真理を歌った和歌。
（五）和讃とは、和語で書かれた仏教賛歌の一種。
（六）懺悔を、仏教では「ざんげ」と濁らずに「さんげ」と読む。

◉その六

智　慧

（ちえ）　眼を開くこと

こころをやわらかくすると、
世界はいろいろな観点に立って自在に観ることができるが、
そのうちのどれかが真実で、他は間違った見方ということではなく、
どれもが真実ではあるが、見ようによってさまざまだということなのである

智《ち》慧《え》

この「智慧」の章は、悟りにいたる修行の総仕上げである。これまでの五波羅蜜は、このためにあったといってもよい。これまでの五波羅蜜を修すると、ここで述べる仏教の智慧を、直観的・総合的に「アッそうか！」と納得し、達観できるようになる。これが救われへの道である。悟りへの契機である。

仏教の智慧は広大であり、限りあるページでは十分に述べることはできないが、できるかぎり紹介する。

本章で述べる智慧は、正式には般若《はんにゃ》という。これはお釈迦様が菩提樹の下で悟られた智慧で、仏教のあらゆる教理の根底に流れている。したがって世間一般でいう知恵とは異質であり次元も上のものである。その意味で、前者は「智慧」、後者は「知恵」というふうに、区別して表記することになっている。

知恵は分析的にわけることによって知るのだから、理解*一という言葉が適している。「智慧」のほうは総合的に合わせて洞察するので、分解を意味する理解という語は適さない。筆者は、以後、この場合には「理会《りかい》」という新語*二を用いることにする。

世界のほんとうの姿を正しく観《み》る

仏教的な救われの第一は、何といっても、この世界の成り立ちのほんとうの姿（実相《じっそう》という）を理会するところにある。真実を知らなくては救われないからだ。以下この実相について述べたい。＊三

われわれは、動物・植物・鉱物・建築物・道具・乗り物……など、じつに千差万別なものに取り囲まれ、それらを五感で感じ取って生活している。ふつうは世界とはただそれだけのもの（現象界という）と思っている。そしてそこには、差別・大小・美醜・生滅・好き嫌い……といった相対的な観念が渦巻き、さらに誤解や錯覚がそれらを増幅して、われわれはその渦中で、喜んだり悲しんだり、苦しんだり楽しんだりしている。

しかし仏教の智慧は、真実の姿をありのままに観《み》とおすので、現象界を錯覚なく正しく見るだけでなく、肉眼には見えないが、そのような現象界を生み出して存在させ、生かし、動かしているただ一つの根本の能力をあきらかに観《み》るのである。この根本能力を仏教の専門用語では「サンカーラー」（変化力）という。いわば宇宙的大生命とでもいったらいいのか。

このサンカーラーは、現象界をつくり、それを諸行無常に動かしているので、しば

しば「形成力」つまり「つくる力」と訳されているが、同時に諸行無常の一面として「こわす力」でもあるので、ここでは両方をまとめて「変化力」と訳しておく。*四

これは(精神的面はちょっと脇において)物理学的に表現すれば、エネルギーといってもよいし、ビッグバンによってこの宇宙を開闢《かいびゃく》させたハタラキといってもよいだろう。周知のように、そのエネルギーは何種類かの素粒子を生み、それが電子・陽子・中性子・中間子などの粒子をつくり、原子・分子となり、さらにそれらが集まって、われわれの目に見える物体や、生物、海、大地、地球をはじめとする無数の天体などができている。われわれ自身の肉体も精神も認識能力も、この例外ではなく、サンカーラーから生まれてきた。

この大生命は宇宙に遍満し、広大無辺で、宇宙ができてから今までずっと変わることなく、すべて平等で、生じるとか消えるとか、きれいとか汚いとか、増えるとか減るとかという相対的な、差別的なことを超越した、絶対的なものであり、ちょうど真空がどの部分をとっても同じであるように、ただひといろの絶対清浄で大調和した世界なのである。そしてその本性は「空《くう》」といわれ、現象界を諸行無常としてダイナミックに動かし、変化させ続けているのである。

たとえば物質世界についていえば、空気のなかにコップがあり、それに水が入っているという状態を想定したとき、私たちが肉眼でそれを見れば、空気という名前の気体のなかにコップという名前の個体があり、そのなかに水と名づけた液体が入ってい

るように見えるわけである。これは何の変哲もないありふれた状況だ。

しかし同じ物を視点を変えて原子レベルで観《み》れば（肉眼では見えないが）、空気という名前や実体も、コップという名前やその実体も、水という名前やその実体も、すべて消えうせて、そこにあるのは原子ばかりということになってしまう。すなわち、ただ原子の密度が濃いところと薄いところがあるだけの世界になる。しかも周知のように、原子は原子核とその周囲を巡る電子からなっているが、この原子核と電子の間はほとんどスケスケということだ。つまり、このレベルで世界を見ると、それはスケスケのほとんど何もない世界だということになる。しかも粒子はどれもが同じであって、コップを構成している電子と、水の電子とが違うということはなく、まったく同じものなのだ。

このレベルで世界を観れば、現象界のような千差万別性は消えてしまう。

もう一段レベルを下げて、素粒子レベルで考えれば、それはそれなりの、素粒子以外のものは何も存在しない世界となる。

こういうふうに究極までギリギリに深めていった最後の最後の世界が、上述の「リンカーラー」すなわち「宇宙的大生命」の世界である。

このように、こころをやわらかくすると、世界はいろいろな観点に立って自在に観ることができるが、そのうちのどれかが真実で、他は間違った見方ということではなく、どれもが真実ではあるが、見ようによってさまざまだということなのである。

だから、ふつうのわれわれがそうであるように、目に見えている現象界だけが存在していると思うと大まちがいになる。それは救われるもとである宇宙的大生命に気づかないばかりか、現象界の認識自身が自分の先入観などによってゆがめられていることに気づいていないからである。昔から引き合いに出されるたとえ話を使えば、自分が恐怖感をいだいていると、くらやみでロープを踏んだだけなのに、ヘビを踏んだと早合点してキャーと驚くなどは、恐怖という先入観で認識がまちがった例である。

現今では地球温暖化にこの傾向があるのではなかろうか。何が起こっても、CO_2や温暖化のせいだと早合点して認識してしまっている。むしろそういう態度を取ることが社会的正義にさえもなってきている。アルキメデスの原理は真理だから、水に浮かんだ氷が溶けても水位は変わらないのに、北極海に浮かんだ氷が溶けたから海面が上昇したと説くなど、その例だ（南極の氷は別）。冷静に事実を認識しなければ、正しい解決はあり得ない。

現象界だけでなく、その奥の院を含めた真実の姿を錯覚なしに知ること、すなわち真観《しんかん》が、仏教的な救われのための必要条件なのである。

いいようによっては、現象界は実体のない、いわば幻やかげろうとか、炎とか、蜃《しん》気楼《きろう》や水中の月などにもたとえられる架空のもの（仮《け》という）であって、奥の奥の宇宙的大生命の世界こそが実在だと説く仏典も多い。ふつうは夢から覚めた現実を現実と見ているが、その現実を夢と観るのが仏教の立場である。

つまり、われわれは、その根源の宇宙的大生命に帰一することが重要なのである。われわれがその大生命、すなわちサンカーラーから生まれてきたことを悟るならば、サンカーラーが永遠であるがゆえに、われわれも死んでも死なない（ふつうにいう死は仮の現象であって）生きどおしの永遠の命をもっていることが納得できる。さらにサンカーラーは広大無辺なのだから、われわれ自身も、自分とはこの体のことだという狭隘《きょうあい》な思いから脱して、自己とは宇宙のことだという広大な自覚が得られる。自分にも他人にも尊い宇宙のいのちが宿っているのである。だから卑下することは禁物だ。しかし同時に、大生命の尊さを発揮できないことを恥じて努力すべきなのである。

「一つ」ということ

大乗仏教の底流をなしている論法に、「一つ」という考え方がある。これも般若の智慧であって、われわれのふつうの頭の論理構造からすれば、理解しかねるまったく矛盾したもので、仏教を難解なものにしている最大の原因である。これさえ把握してしまえば、仏教の説くところは、やすやすと理会できるようになる。この「一つ」を以下に筆者なりの例をひきながら説明しよう。

まず、なぜ「一つ」ということが重んじられるかというと、二つに分裂すると人間は悩ましくみじめな状態に陥ってしまうからである。そのふさわしい例は、かつて東西にわかれたドイツや、現在も続いている朝鮮半島の南北分裂である。家庭でも、家族が一つにまとまっていれば幸せだが、二つにわかれて意見が対立したり、夫婦仲が悪化すれば不幸である。野球やサッカーなど集団で行なうスポーツでは、チームのこころが一つにまとまっていることが要件で、さもなければ、絶対に勝てない。だから「一つ」が重んじられるのである。

そこで本論に入る。本田技研の創立者で、初代社長として世界の大ホンダを築き上げられた本田宗一郎氏は、かつて筆者にこういう質問を投げかけられた。

「森さん、車を走らせるにはアクセルペダル、止めるにはブレーキペダルを踏めばよいかね」

筆者は、アクセルとブレーキを踏み間違えると大事故を起こすので、

「結構です」

と答えた。そうしたら本田さんは、

「そうか、それならな、わしの車があそこにある。今からそのブレーキを外してやるから、君、そのブレーキをはずした車で走ってこい」

(アッ！　ブレーキのない車は走れない!!)

これで筆者は完全に本田さんに一本取られた形になってしまった。ふつうわれわれは、

走る　→　アクセル
止める　→　ブレーキ　※これを「二つの見方」と呼ぼう

というふうに理解しているが、これでは不十分なのである。禅ではこういう見方を「二見《にけん》」といって堕落とされている（「二見に堕《だ》す」という）。

固定観念から脱却して、車が走るという実態を正しく見るならば、

走る　─　アクセル
　　　─　ブレーキ　※これを「一つ」の見方と呼ぶ

という図式で表さなければならないように、必要に応じてアクセルを踏んで加速したり、ブレーキをかけて減速したりしながら走っていることが理会できる。つまりアクセルとブレーキという正反対のハタラキをするものが必要で、それが適切に間違いなく使われなければ、走れないのだ。固定観念というか、先入見で、走らせるのはアクセルだ、と思い込んでいるとブレーキ不要論に陥ってしまう。すると、たちまち危険を招く。本田さんがいおうとされたのはこのことだったのだ。達人が説くところは、

仏教の智慧に通じている。
　これを書き直すと、

（上位次元）　　　　（下位次元）

〔走る〕即　　走る
　　　　　　　止める

となる。この図式は、「車が安全に〔走る〕ためには、走る作用と、止める作用という、互いに正反対の二つが必要」というふうに読むのである。そして同じハシルでも〔走る〕と、走る、では次元がちがい、かっこ付きの〔走る〕を上位次元のハシル、かっこなしの、走る、を下位次元のハシルと解釈するのである。

　これを仏教的な表現に近づけていえば、〔走る〕のなかに、走ると止めるが入っているということになる。あるいは逆に、走ると止めるという正反対の二つが合一《ごういつ》して〔走る〕となる、といってもよい。この一つに合わさるというところが肝心かなめなのである。こういう事実を納得するのが、先に述べた「理会」である。もっと禅的に表現すれば、「走る即《そく》止める、止める即《そく》走る」となる。これはいわゆる論理（形式論理）からすれば、明らかに大矛盾であるが、この矛盾を矛盾とせずに、ありのままの事実として、真実であると理会し納得できるのが仏教の智慧である。

「色即是空、空即是色」の即

ところで、この「即」は非常に重要な思想を表す文字である。「即」は仏教としては、正反対のものを一つにまとめるのに使う。仏教にはその数八万四千といわれるほどの膨大な経典があり、漢文経典の場合、その文字数は三億を越えると見積られている。その三億を越える文字のなかで最も重要な文字を一字あげよといわれたら、「即」の一字を出せば正解だというほど、「即」は大切な字なのである。これはその深遠な意味はともかくとして、ちまたでも知られている般若心経《はんにゃしんぎょう》の一句「色即是空《しきそくぜくう》、空即是《くうそくぜ》色《しき》」の「即」である。今日一般の常識では、同じものをつなぐのに即が用いられているが、この点、仏教の智慧ではまったく異なっている。

他の例として、電気を流すことに着目してみよう。いうまでもなく、銅とかアルミニウムなどの金属でできた導線というものがなければ、電気は流せない。しかし導線とは性質が正反対の、電気を通さない絶縁物というものなしには、電気を目的地へ運ぶことは不可能なのだ。

たとえば、送電線の鉄塔を眺めてみれば、電線（導線）を吊り下げているひだの付いた白い陶器の碍石《がいし》（絶縁物）が必ず目に入る。もしもその碍石がなかったとしたならば、発電所でおこした電気は、発電所でショートしてしまって、こちらまで流れては来ない。

それどころか、絶縁物なしには発電そのことさえもが不可能なのだ。発電機には、導線を何回も巻いたコイルが不可欠だが、裸の銅線を巻いたのではコイルとして作用しない。たとえば裸銅線を５００回巻いたとしても、線間がショートしてしまって、５００回巻いた効果はあがらず、わずか1回巻いたことにしかならない。身近な例では、電気のコードは、必ず絶縁物で被覆してある。

一般に、電気を目的どおりに扱うためには、導体と、それとは性質が正反対の絶縁体とを協力させることが必要で、図示すれば、前記と同様、

〔流す〕即 ─ 流す
　　　　　 └ 流さない

となる。

まったく同様のことは、水道のホースについても当てはまる。ホースのハタラキは、蛇口から目的の場所まで水を流すことだが、その材質はゴムとかビニールとかという

水を通さない物質でできている。もしも、ホースは水を通すものだからといって、水を通す材料、たとえばガーゼなんかでつくったとしたならば、水は途中でジャージャー漏りになって目的をはたさない。

　これらの例からもわかるように、この世の中は互いに正反対の性質のものが「即」の関係で協力し助け合うことで、円滑に動いているのである。胸に手を当ててよくよく考えてみれば、問題が生じたときは、かならず一つになっていない、すなわち二見に堕していることが納得できるだろう。だから人生万般、正反対のものをけんかさせるのではなく、協力させるようにすることだ。これが仏教の大切な教えである。

　だが悲しいかな、ほとんどの人間は、正反対のものを協力どころか、排除しようとして争っているのが現実である。

　以上述べたところを一般化すれば、

全《まった》きハタラキ

即

＋　−

となる。すべてについて、ことが円滑に進み、ハタラキが全《まっと》うされるには、＋（プラス）の要因（たとえばアクセル）と、−（マイナス）の要因（ブレーキ）とが必要で、その二つをけんかさせるのではなく、互いに助け合い協力し合うようにもって行くことがコツなのである。これは仏教のまことに偉大な智慧である。

「遊び」のほんとうの意味

たとえば仕事と遊びは、ふつうは正反対のことだと思われている。それにこの智慧を応用してみよう。すると、

〔遊び〕即 仕事
　　　　　 遊び

となる。これが二見に堕さない考え方なのである。われわれは、仕事と遊びとを合一させて、人生すべてを〔遊ぶ〕必要がある。仕事でも、遊ぶように自主的に、つまり他人のことをやらされているという気持ちではなく、自分のこととして仕事をする。遊びも仕事のように充実して遊ぶのがよい。

仏典のなかには仕事という文字は見あたらないが、「遊」の文字はひんぱんに目につく。この「遊ぶ」の意味は深い。パチンコは遊びだ、ゲームは遊びだ、という意味の遊びではまったくない。仏教でいう遊びは、自主者——主体性が完成した人——の行為のことをいう。いってみれば、やらされているという気持のないときの行為がすべてこの「遊び」なのである。

たとえば観音経《かんのんきょう》*五というお経があるが、そのなかには観音さまが「娑婆《しゃば》世界に遊ぶ」とか「もろもろの国土に遊ぶ」と書かれている。思うに観音さまがこの娑婆世界で苦悩するわれわれを救って下さるということは、観音さまにとっては遊びなのである。これをふまじめだと思うようでは、遊びの真意がわかっていない。衆生救済はわがことなのである。人ごとではないのだ。ここに観音さまの、みずから進んでの救済という甚深のありがたさと、世界中はわがものであるという、みずからと世界とが即として合一した広大さを感じとることができる。

至道無難禅師《しどうぶなんぜんじ》の即心記《そくしんき》*六によれば、観音さまの簡要な説明として「観レハ我ニ有ホサツ也」（観れば我にあり、菩薩なり）とある。あるいは同禅師は「観自在菩薩（観音さまのこと）とは異人にあらず、汝自身なり」ともいわれている。すなわち、観音さまとは自分自身と心得よ、ということである。観音さまと自分とが合一して二見に堕していない。観音経によれば、観音さまは時と相手に応じて自由自在に姿を変えてたち現れ、苦悩するわれわれを救って下さると書いてあるが、至道無難禅師の教えでは、われわれ自身が観音さまになったつもりで、科学技術者・銀行員・教師・医師・ジャーナリスト・政治家……など、それぞれの姿を取って、やらされているという気持ちなしで、わがこととして（自分と世界とを合一させて）救世に努めること、これが観音経のこころであり、またそれが〔遊び〕になるのである。

生きることは死ぬこと

この考えを生死にあてはめてみよう。先に「サンカーラーが永遠であるがゆえに、われわれも死んでも死なない（ふつうにいう死は仮の現象であって）生きどおしの永遠の命をもっている……」と述べたが、このことは、

大生命
即
生　死

と表現できる。これは卓越した死生観だが、道元禅師の言われるとおり、生も大生

命のなかの一時の位《くらい》（位相）であり、死も大生命のなかの一時の位なのである。

ところで、この節の終わりとして、非常に大切な注意事項を述べておきたい。

読者は上記を読まれて、おそらく「二つの見方」はだめで、「一つの見方」になれと筆者が力説したかのように受け止められただろう。しかしその姿勢をつらぬくと、

一つの姿勢　→　ＯＫ
二つの姿勢　→　ＮＯ

ということになってしまい、これはこの節の冒頭で述べた、

走る　→　アクセル
止める　→　ブレーキ

と同じパターンであって、二見に堕したことになる。「一つ」「一つ」といって「一つ」に固執していると、知らぬ間に「二つ」に堕落してしまうのである。ここが本当の「一つ」のむずかしい点である。ではどうすればよいのか。それは、

〔一つ〕即　一つ
　　　　　　二つ

の高次元の〔一つ〕になることである。すなわち、一つになるべくして一つになり、二つになるべき場合には二つになるという、とらわれのない姿勢である。

古典的な禅の名著の信心銘《しんじんめい》にも、「二は一に由《よ》りてあり、一もまた守ることなかれ」

とある。この高次元の〔一つ〕こそが本当の一つであって、これを

一即二　とも　不一不二　とも　不一不異

ともいうのである。

ついでだが、現象界の本性は空《くう》だから、何ものにもとらわれない、固執しない、というのが仏教の肝心な教えである。空空《くうくう》といって空にもとらわれないのである。ゆえに仏教は仏教にも固執しない。だから仏教は、宗教戦争というような愚行は起こさない。融通無碍《ゆうずうむげ》である。

筆者が仏教の勉強に通った禅寺には、フランスからキリスト教の神父さんたちが坐禅の修行に訪れ、一週間くらい坐り抜いてゆくことがある。キリスト教も瞑想を大切にするので、坐禅が参考になるらしい。そのときその寺の住職は、床の間の墨跡《ぼくせき》（禅の掛け軸《じく》）をはずして十字架をかけてやり、神父さんたちは寺の本堂でミサをやっている。坐禅の指導も、「これからはキリスト教ではだめだから、仏教に改宗せよ」などと教えるのではなく、「坐禅をするとキリスト教の信仰が深まるからな」と指導されているくらいなのである。

「三性《さんしょう》の理《り》」

これは前節の「一つ」の応用とも見られるものだが、仏教哲学の透徹した一面を示すものである。筆者は善悪問題で悩んでいたとき、この理にめぐり会って救われた。筆者を仏教へと導き入れたきっかけは、じつにこの三性の理だった。

三性《さんしょう》とは、善・無記《むき》・悪の三つのことである。「無記」とは、善悪以前のもの、あるいは、善でも悪でもないものをいう。

周知のように世界に偉大な哲学がいくつもある。たとえば、古代アリストテレスの形而上学、中世のトマス・アクィナスの神学、そして近代におけるデカルトの普遍学、カントの批判哲学、ヘーゲルの弁証法哲学、また中国の孔子の儒学……等々そうであるが、そのなかで「無記」という概念を発見したのは、仏教哲学だけである。ゆえにここで説明する三性の理は、仏教の大きな特色と心得て味わってほしい。仏教では知ることよりも味わうことが大切だ。では本論に入る。

大正十五年から昭和四年までの間、説教強盗といわれた泥棒が東京は中野、新宿などに出没した。戸締まりの悪い家に押し入って現金や貯金通帳をおどし取ってしまうと、ゆうゆうとたばこを吸いながら、戸締まり用心について説教をしてから引き上げるというふらちな奴で、有名になり恐れられたが、昭和四年二月、米屋に残した指紋をきっかけに逮捕され、無期懲役になった。同二十二年十二月、仮釈放で秋田刑務所を出所した。この強盗の名前は妻木松吉といい、出所後はこころを入れかえ、宗教団体や社会事業団体に招かれて講演したり、浅草のロック座のゲストとして特別出演するなど引っ張りだこになった。彼は一軒一軒、自分がやった手口を説明し、戸締まりを指導して防犯の実を上げたという。

考えてみれば、実践的経験というものはいちばん強いから、戸締まりについてこれ以上の先生はいないわけだ。彼は警察の防犯の専門家よりも強盗の手口についてはくわしく、実地経験からにじみでた指導が微に入り細にわたってできたのである。

彼は前歴からすれば、講演会の講師をつとめるような資格はない悪人だった。しかしその悪人が、防犯の講演という善行をするようになったのだから、まさに悪人が善人に逆転した（転じたという）ことになる。仏教の根本をなす空《くう》の思想では「とらわれないこと」がいのちだから、強盗のような悪人は死ぬまで悪人だというふうに固定した見方、考え方はしない。

言葉でなく行ないが大切

お釈迦様は、たとえば、「名前によって医者なのではない。行為によって医者なのである」と説いておられる。医師の免許をもっているから、あるいは医院を開業しているから医者なのではなく、ひとの病気を治す行為をするから医者なのだ」というわけである。この「行為によって」という点が重要である。だから、強盗をはたらいたときは悪人でも、防犯にいそしめば善の行為をしたのだから善人である。空の意味は深遠だが、ともかくこのことは、「存在の本性は空である」という教えの一例である。俗世間ではいちど悪人のレッテルを貼られてしまうと、その悪人は永久に悪人にされてしまい、そこには救いがないが、真実はそうではない。悪人でも、こころを入れ変えれば、善人になれるのだ。

ここで注目してほしいことは、悪人から善人への転向に際して、彼が変えたものについてである。いったい彼はなにを変えたのだろうか？——それは、戸締まりについての豊富な知識ではなく、その知識はそのまま保有しながら、その知識を使う方向だったのである。もしも強盗時代に得た戸締まりの知識を、改心のときに捨ててしまったとしたならば、防犯の指導はできないわけだ。キーポイントは、知識を使う彼の心の転換にこそあったのである。

ふつうならば、悪人を善人に変えるに際しては、彼の悪い部分をとり除くという発想になる。すなわち悪い部分は外科手術のように切り取って捨ててしまい、よい性質だけを育てようとするのが常識だろう。しかしこの例では彼の特性を矯《た》めて押さえ込んだり、除去したりしたのではない。彼の特性、すなわち戸締まりにくわしいということは、なんら変わっていないのである。

こころの転換によって、彼の特性が活かされることになった。彼は救われたのである。この点がきわめて重要である。洞察の目を開いてほしいのは、切除ではなく転じるということの深い意味についてである。

ゆえに読者は「戸締まりにくわしい」ということは、悪にもなり善にもなりうることが理解できただろう。この悪にもなり善にもなることができるもの——この場合は「戸締まりにくわしい」ということ——それは冷静に考えれば善悪以前のもの、善でも悪でもないものだと気づくわけで、これを仏教では「無記《むき》」というのである。*七これは世間の凡庸な見方をこえた鋭い観方である。

「ドス」と「メス」

以上では強盗を例に「三性の理」の要点を説明したが、改めて次ページの「三性の例」の表をじっくりと味わってほしい。今説明した強盗の例をふくめて二十ほどあげておく。

たとえば②で、「汚す」と「書く」との両方におなじ面を見つけると、それは「白い紙に黒い跡をつけること」となる。そのついた跡が、気に入った場合が書いたということになり、ついた跡が都合の悪いときには、汚したといっているわけである。

書けないものにはインクや墨がのらないので汚せない。逆に汚すことができるのならば、書くことができるという理になる。つまり、書けないは汚せない、汚すは書くというわけである。

そう考えてみれば、気に入るとか、気に入らないとかという人間のこころ（価値判断）を抜き去ってしまえば、そこにはただ、跡がついたという一つのことだけが存在していることになる。人間は、一つのものを、書いたの汚したのと正反対の異なった二つのものだと見て、場合によってはけんかしたり、叱ったりして苦しんでいるわけだが、ネコが見れば同じなのである。ただし、自分の気に入るように跡をつけるには、腕の制御が必要だから、練習しておかなければならないし、同時に余計な跡をつけないように注意もしなければならない。そうすれば、書くという善が出現する。練習もせず、注意も怠れば、汚すという悪が現れる。これが表の②の意味である。無記を善として活かすための要点は制御にあるのである。

④についていえば、たとえば太さ数ミリメートルのまっすぐな鉄棒が直角に曲がった（変化した）としよう。それは壊れたのであろうか、それともつくってできたのだろうか。これは鉄棒が大切な機械の軸であったりしたような場合ならば、壊れたことになるだろうし、なにか物を引っかける金具を目的にしているときならば、できたということである。だから、価値感*八を抜きにすれば、「つくる」と「壊す」は同じ現象なのである。人間の価値感が出現すると、変化という一つの無記のものが、つくる（善）と壊す（悪）の二つにわかれてしまう。

(表一)　三性の理

悪	無記	善	無記を善に活かす制御
①強盗	戸締りに精通	防犯	こころの制御
②汚す	跡をつける	書く	練習と注意
③走る凶器	自動車	救急車	運転技術と注意
④壊す	変化させる	つくる	希望どおりに変える
⑤怠惰の温床	温和な環境	疲労回復	環境の享受を誤らない
⑥火災	火	煮炊き消毒	火の用心
⑦毒	化学物質	薬	飲み方の制御
⑧腐敗	微生物作用	発酵	微生物の選択
⑨磁石が狂う	磁気の残留	録音・録画	必要な所で発生させる
⑩スリップ事故	滑る	潤滑	〃
⑪景色が歪む	ゆがんだガラス	レンズ	ゆがませ方を制御する
⑫眼が傷つく	眼中の異物	コンタクトレンズ	異物の材質と形状の制御
⑬ドス	先がとがった鉄のへら	メス	執刀者の心と腕の制御
⑭けち	少しだけ使う	節約	こころのもち方（主体性）
⑮破壊	爆発	エンジン	安全に爆発させる
⑯殺人	手	生活に必需	こころの制御
⑰ごみ	粉体	資源	活かす
⑱戦い	正義感	平和	とらわれないこころ
⑲核爆弾	原子力	発電	原子炉の制御
⑳矛盾	超合理	悟り	こころの制御

この表から、読者はつぎの図式が理会できよう。

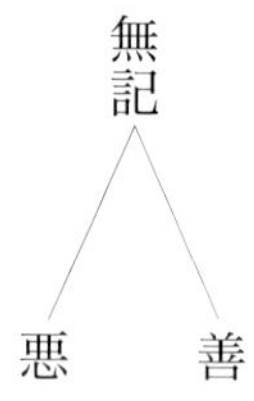

これは、前の「一つ」の節で何回も示した図式である。

⑤の温和な環境がつねによいわけではないこともいえるし、⑦の薬というものは副作用をもった毒であって、病気が治ったら服用を止めなければならないこともわかるだろう。

⑬はこの三性の理をきわだって明らかにしている。ドス（人殺しの道具）とメス（人命救助の道具）は、本質的には同じものなのである。少年が殺生ざたを起こしたからといって、子どもに刃物をもたせない運動、刃物追放運動が展開されたことがあったが、成功しなかった。当然である。人間は刃物なしには生きてゆけないからだ。刃物追放運動が間違いだということは、この三性の理に照らせばあきらかだ。刃物が悪いわけではなく、それを使う人間のこころが悪かったのだ。これは原因を錯覚したのだが、この種の思い違いは、政治、行政をはじめ社会のいたるところに見られる。原因を正しくつかんでいないのだから効果はあがらない。ひとびとのこころを放っておい

て、刃物を追放してもだめなのである。包丁なしには食事がつくれないのだから。先にその四「精進」で述べた青森県八戸市の第三中学校では、ロボットをつくるのに、カッターナイフの刃を数センチメートルも出して素材を切っているが、「カッターナイフが凶器にならない中学校」という別名がある。ロボットづくりという精進によって、こころがよくなっているからである。これが三性の理から見た正しいありかたである。

⑰は、エコロジーの旗がかかげられている現在、説明の要はないだろう。

⑱については、前節にも述べた、仏教は宗教戦争をしないということが、その例だ。

⑳は仏教教理の本性を表している。前節『「一つ」ということ』で述べた仏教論理は超合理である。とにかく「違うものは同じだ」というのであるから。世間一般の論理（形式論理）からすれば矛盾もいいところだろう。仏教のその超合理が気に入らないとか腑に落ちないとかの理由で、仏教から遠ざかっていかれる理工学者もあるが、もったいないことである。超合理が悟れないのである。

理由をここで述べる紙面の余裕はないが、結論だけを述べておくと、合理から出発して思考を展開すれば、いずれ最後には矛盾にゆき当たるのである。矛盾から出発すると本当の合理へ到達できるのだ。

ともかく、本当は無記という一つのものであるのに、われわれは価値感にだまされて、それをまったく正反対の二つのものと勘違いしているから、悩むし、また事柄が真理のレールにのって動いてゆかないのである。つまり全機《ぜんき》（31ページ参照）しないのだ。

ところで、偉大な人は、悪に出くわしたときの態度がちがう。

もうおわかりだと思うが、「成功」と「失敗」についても同じことがいえる。ある行為（無記）があって、その結果が当事者の気に入ったときは成功（善）といい、気に入らない場合を失敗（悪）と、ふつうは呼んでいる。しかしこの成功だ、失敗だは、人間レベルでの話であって、天のレベル仏のレベルになると、成功と失敗の二つは消えてしまい、そこにあるのは天地の真理に合致して、いささかもそれからはずれてはいない、冷厳な一つの無記という現象が存在するだけのことになる。真理を求める科学者は、成功よりもむしろ無記に頭を下げる。無記に尊さを感じなければ、すぐれた科学者とはいえない。

悪が転じて善となる

二〇〇〇年ノーベル化学賞を受賞された筑波大学名誉教授の白川英樹先生がそうである。先生の研究は失敗から電導プラスチックが生まれ、ノーベル賞受賞につながったのだった。先生が東京工業大学資源化学研究所の助手だったころのこと、アセチレンからポリアセチレンをつくる実験で、先生が指示された触媒の量（ミリモル）を研究生が間違えてモルとよみ、千倍もの触媒を入れてしまったのだった。それでいくらたっても目的の粉末はできず、実験液の表面に薄い金属光沢の膜ができてしまい、この実験は当初の目的からすれば失敗に終わったわけであった。

凡人は失敗したからと頭にきて、実験液を捨ててしまったり、部下をとがめたりという方向へ進んでいってしまうが、非凡な白川先生は冷静にというか、深い関心をもって液の表面に浮かんだ薄い膜を観察されたと聞いている。この姿勢が尊いのである。善悪、好き嫌いという二つをはなれて、人間レベルを越えておられる。一つになっておられたのだ。前掲の禅の名著、信心銘《しんじんめい》の冒頭にも、

「至道《しいどう》無難、唯《た》だ揀択《けんじゃく》を嫌《きら》う、但《た》だ憎愛《ぞうあい》なければ、洞然《とうねん》として明白なり」

とある。これは「いつでも、どこでも、だれにでも当てはまる真理は、好き嫌いという分別《ふんべつ》（揀択）をおこして二つになると遠く離れてしまう。好き嫌いを離れて一つになれば、真理は目の前に明らかに出現する」という意味で、自我にもとづいて取捨・憎愛の気持ちを起こすことをいましめているのである。白川先生の姿勢はまさにそれだった。そしたら、液の表面の薄膜↓金属光沢！↓ひょっとしたら電気が流れるかもしれないぞっ!!と先生はピンと感じられたという。そこでテストをしてごらんになっ

たら、その薄膜は電流を通すことがわかったのである。これが導電プラスチック発見の端緒だったのである。こうして先生はノーベル賞に輝かれたのである。

上記は悪が転じて善になった話であるが、とうぜんその逆も成立する。こころがけが悪いと、善が転じて悪になる。さきに悪を善に転じるコツは制御にあることを述べたが、制御をはずせば善はたちまちにして悪に転じてしまう。われわれ凡夫は、善にでくわすと喜ぶ。すばらしい善であればあるほど大喜びをする。ところが大喜びのときには用心が必要なのだ。それは知らぬ間に制御をはずすからである。すれば転落して悪になる。かつてのバブル経済の崩壊など、この適例だった。その三「忍耐」で、喜びすぎにも忍耐を、といったのはこのことである。

以上、簡単に「三性の理」を説明したが、今まですっきりしなかった頭のなかがきれいに整理できたとか、世間の諸矛盾の理由がハッキリしたとか、という読者がおられれば喜ばしいことである。ましてや悪に対する認識が変わり、悪と同様に善にも油断しなくなったとか、人間レベルの価値に目がくらまなくなったとか、目からうろこが落ちたという読者が一人でも現れたならば、きっと仏は喜ばれるであろう。

なんとなく気持ちが広々としてきた、という感じを抱かれただけでも、それは三性の理の功徳《くどく》である。

「六《ろく》眼《げん》」

ここまで読まれると、ミルということが、いかに大事なことかがおわかりになってきただろう。もういうまでもないことだが、ミルのは肉眼でだけではない。心眼《しんげん》でミルのである。仏教ではこれを重要視し、仏の五眼《ごげん》とか、観音の五観《ごかん》とかを立てているが、この節で述べる六眼は、それらを参考にしながら、創造性開発にも応用できるようにと、筆者がまとめたものである。

まずは、観音の五観に簡単にふれておこう。

【観音の五観】

一、真観《しんかん》――ものごとや世界の、真実の姿を観ること。

二、清浄観《しょうじょうかん》――おなじことでも、清らかに観ること。

三、広大智慧観《こうだいちえかん》―仏の智慧に裏づけられた眼で観ること。

四、悲観《ひかん》――苦しみを抜いてあげようという気持ちで観ること。

五、慈観《じかん》――いつくしみの気持ちで観ること。

では、六眼とはつぎの六つの眼、すなわち六通りの見方のことである。

一、密眼《みつげん》——木を見て森は見ない眼。細部を精密に見る眼。
二、漠眼《ばくげん》——木は見ないで森全体を見る眼。
　　　細部にはとらわれず、大局を大所高所から見る眼。
三、童眼《どうげん》——子どものように天真爛漫《らんまん》に見る眼。
四、洞眼《どうげん》——深く洞察《どうさつ》する眼。
五、慈眼《じげん》——いつくしみの眼。
六、自在眼《じざいげん》——何にもとらわれずに自由自在に見る眼。

この六つの眼力をそなえて、いまは漠眼で見るべきだ、このときは童眼がよい……というふうに、その場その場に応じて適切にこの六つを使いわけてゆかれるよう、おすすめする。そしてこの六つは語呂がいいから、

「みつ・ばく・どう・どう・じ・じざい」

と口ずさめば覚えやすい。なおこういう見えないものを見る場合は、伝統にしたがって「眼」をガンと読まずに、ゲンと読むことにしている。

●【密眼】と【漠眼】

さて、一の密眼は顕微鏡的な見方であり、二の漠眼は大所高所からの見方である。

この二つの見方は正反対で、まさに第二節「一つ」で述べたとおり、合一した形にも

ち込むべきものである。つまりアクセルとブレーキの関係と同じである。今は密眼で見るべきだ、ここは漠眼を登場させよう、というふうにこの両眼をまちがいなく使いこなしてこそ卓越した見方となる。

鳥はこの両眼をもっているらしい。大空を遠くの目的地へ向かって、まっすぐに飛んでゆくには漠眼が必要だ。しかし飛びながら、あの高所から、カエルのような小さな餌を見つけて舞い降りることは、密眼なしには不可能だろう。

●【童眼】

キリスト教では、天国へはいるには小さな狭き門をくぐらなければだめで、それには子どものこころになる必要があると、説くという。仏教にも嬰児行《ようにぎょう》*九といって、やはり子どもごころに帰る修行が涅槃経《ねはんきょう》に見られる。だれしも幼児のころは天真爛漫だったにちがいないが、大人になるにつれて無邪気さを失って救われから遠ざかる。だから悟ろう、救われようというのならば、子どもに帰って子どもの目つきをしなければだめだ。これが童眼である。

子どもにも欲があるが、大人のそれのように汚れてはいない。無心に天体をながめる天文学者の眼などは、童眼のよい例だろう。もっとも、その学者に新しい星を見つけて有名になろうとか、これでノーベル賞が取れるぞ、とかという野心が爪のあかほどでも生じれば、とたんに童眼ではなくなる。

童眼とは、肉体は大人であっても、こころは子どものこころをもつこと。つまるところ、「大人でありながら大人でなくなる姿勢」、大人の悪さを消滅させることである。

●【洞眼】

これは、深く洞察する眼である。深さがいのちである。この洞眼なしには、本章の「智慧」のどのひとつをも理会できるものではない。

洞眼の一例として、前記の「大人でありながら大人でなくなる」という言い方を、少しばかり展開してみよう。この言い方は、その三「忍耐」の第四節「最高の忍耐とは」（50ページ）で示した金剛経のパターン、

「忍耐でありながら、忍耐でなくなっている」

に一致している。これは忍耐だけについて述べたものだが、金剛経のなかには忍耐以外に、このパターンが、手を替え品を替えて二十回もくりかえし現れる。

そこでそれを一般化すると、

「○○でありながら、○○でなくなる」

となるが、この○○には何を代入してもよい。たとえば、教師を代入してみれば、

「教師でありながら、教師でなくなる」

となるが、これは、教師がたとえば収賄事件を起こして、罪人になるというようなことをいうのではなく、生徒をただ育てているだけの教師は凡庸な教師であって、本当にすぐれた教師というのは、自分が生徒によって育てられる姿勢を身につけている者だ、という意味に解釈するのである。すなわち、教師が教師でありながら、教師でなく生徒になっているのが、最高の教師だということである。実際に教育現場にたずさわってみるとわかるが、自分が生徒から習っているときに、最高の教育ができていると感じる。筆者はこれを、中学校ロボットコンテストで実感した。

また逆のことだが、優秀な弟子は、いずれ師匠を越える域に達する。弟子が師匠を超えないようでは進歩はない。師匠を一・〇として、弟子が〇・九だったら、孫弟子は〇・八一というふうに衰退していってしまう。すくなくとも弟子は一・一となって師匠を上回らなければだめだ。すれば、孫弟子は一・二一と進歩してゆく。これがすぐれた弟子のありようだ。このことを、

「弟子でありながら、弟子でなくなる」

と表現するのである。さらに、〇〇に人間を代入してみよう。すると、

「人間でありながら、人間でなくなる」

となるが、これはいったいなんのことだろう。これは、生きた人間が悟って、仏になった状態のことである。この生きたまま仏になることが重要である。仏とは人間が悟った状態であり、人間とは仏が迷った姿をいうのである。

世間では葬儀の場合など、死人を仏と呼んでいるが、死んでから仏になっても仕方がない。あるいは仏とは寺院に安置してある仏像のことだ、などというレベルで仏教を見ておられる方もあるかもしれないが、いってみれば仏像は方便なのである。仏像を礼拝して修行したほうが速いのだ。だから死後や仏像のことよりも、生きたこの身が仏になることが、いちばん大事なのである。これを「人間でありながら、人間でなくなる」という。

さらに洞眼の例として、仏教でしばしば顔を出す「円環的な観方」というものにふれておきたい。それは、

「徹底すると逆の所へ到達する」

ということの洞察である。

かつて筆者は、鈴木大拙先生の名著「無心ということ」*一〇を熟読した。一頁一頁がこころに響くもので、時に当たって再読しようとか、原稿を書くときに引用させていただこうとかと、しかるべき頁に付箋をつけながら玩味していった。読み終わって眺めたら、全ページに付箋がついていた。

考えてみれば無意味なことをしたものである。付箋とは、とくにその頁だけを他の頁よりも優先させて開きやすくするためのものだが、あらゆる頁に付箋をつけたとい

うことでは、その意味をなさない。つまり、付箋をまったくつけないのと同じことになってしまったと痛感させられた。すなわち、

「徹底的に行なうということは、行なわないのと同じである」

というのが結論だった。

これで、禅でしばしばいわれる、

「われ無一物、ゆえに万物を所有する」

の意味がはっきりとわかった。

鎌倉時代以後の仏教には、大別して、自力《じりき》仏教（聖道門《しょうどうもん》）と他力《たりき》仏教（浄土門《じょうどもん》）の二つがあるが、この二つには教義や姿勢が正反対のところがある。たとえば前者では、（五波羅蜜などの修行によって）煩悩を消して悟りを得ようとするが、後者では、とくに浄土真宗では「不断煩悩得涅槃《ふだんぼんのうとくねはん》」の旗印のもとに、とても煩悩を断つことなどできないから、煩悩をもったまま「南無阿弥陀仏《なむあみだぶつ》」の念仏によって救われようとする。また、前者では僧侶は出家して頭を剃っているが、後者では「非僧非俗」を主張して、僧侶でもなく俗人でもないという立場から、頭を剃っていない浄土真宗の僧侶が多いなど、その例である。

しかし、自力も他力も徹底すれば同じ所にゆきつく。道元禅師は自力の王者、禅宗は日本曹洞宗の開祖だが、

「……ただわが身をも心をも放ち忘れて、仏の家になげ入れて、仏の方《かた》よりおこなは

れて、これに従ひもてゆくとき、力も入れず、心も費さずして、生死をはなれ仏となる……」

と述べておられる。この言い回しはまさに他力的である。一方、他力を徹底された方は、時宗《じしゅう》の開祖、一遍上人《いっぺんしょうにん》だが、念仏が念仏し、他は消え去るという境地を道歌で残しておられる。「念仏が念仏する」という言い方は、坐禅が坐禅するという自力の禅的な表現である。*二 自力も他力も自己と仏とをわけないで合一させる点は同じである。ただ自力は自己のなかに仏を見出し、他力は仏（阿弥陀仏）のなかに自己を発見するのである。以上二例をあげたが、要するに、

「ものごとの構造は円い」

のである。直線的に見えているうちは、まだ視野がせまく、西の水平線と東の水平線は正反対だと感じているのだ。本当は徹底的に西へ行けば東へ出るのである。以上のような深い洞察は洞眼によるのだが、本章で述べる智慧のすべては、洞眼なしには観えはしない。

●【慈眼】

洞眼が智的な眼であるのに対して、この慈眼は、どちらかといえば、情的な眼であ

る。第三者的に冷ややかに見ないで、わが身のこととして、あたたかくいつくしみのこころをもって見る眼である。慈悲の眼である。

この眼は洞眼と組にして使うことが大切だ。それは智の裏付けがないと、情が誤った情になるおそれがあるからだ。優しいばかりが慈悲ではない。慈悲には厳しい姿勢をとらなければならないこともある。外科手術も慈悲である。

それから、いつくしみとか慈悲というと、ついつい相手を見下す態度になる傾向があるので、平等観をもって臨むという注意も必要だ。

また、現代では人に対してだけでなく、物に対しても慈眼が必要になってきた。テレビにしろパソコンにしろ、まだ命があるのに廃棄して新型に買い換えねばならないようになってしまっている現状を、どのように見ればよいのか。その仕掛け人は、物の殺生にこころを痛めないのだろうか。慈眼でもっとも大切なのは、すべての人、あらゆる物を、そのなかに「仏性《ぶっしょう》」（１３２ページ参照）があるという眼で見ることである。これぞ慈眼中の慈眼といってよい。

●【自在眼】

これは、やわらかいこころで、何ものにもとらわれずに見る眼である。

一例をあげれば、「カーネーションと超高層建築とどちらが高いか？」という出題に対して、「カーネーションのほうがはるかに超高層だ」と答えることのできるような眼である。もちろん無茶苦茶をいうのではなく、それなりの理論的な裏付けが必要である。

高さが、あるいは背丈が、何メートルという絶対値にとらわれていると、このような答えは出てこない。そうではなく、高さと断面積の比率とか、頂上にのっているものの大きさと根本の断面積との比などに着目すれば、カーネーションのほうがはるかにすばらしい超高層だという結論になる。現存する超高層建築で、茎の部分がカーネーションほどか細く、また比率的にいって、頭にあの花ほどの大きさのものがのっている建物はない。しかもカーネーションは強風で大揺れしても倒れない。それにくらべて、超高層ビルであれだけ揺れても壊れないものはないだろう。建築技術には、まだ一本のカーネーションから学ぶべきものがたくさんあるはずだ。……このように見てゆくのが、自在眼である。

これで六眼の概説を終わるが、眼力がついて、ミルことさえできたならば、八十パーセントは救われたようなものである。ひと口にミルといっても、じつにいろいろな見方があるのである。どうか多角的な眼力を身につけていただきたい。

「縁起・空・自己・無我」

仏教の中心思想として「縁起《えんぎ》」がある。これは精神的なハタラキも含めて、すべてのものは、直接原因（因という）のほかに、非常にたくさんの間接原因（縁という）によって生じるという考えである。＊一二

われわれは、身体に障害がなくても、自分一人の力で立つことはできない。この自分の力を簡単に分析してみても、まずは立ち上がろうという意志が先にあり、それに応じて、足はもちろん、腰・背中・首の筋肉や骨までが巧妙に協調してはじめて立つことができる。また、自分で立っていると思っても、じつは大地の支えや重力があるからであって、何をするにしてもただ一つの原因とか、自分だけの力によるのではなく、他の力などによって可能なのである。

仏教では「させていただく」という受け止め方をするが、それは、なにごとも自分の力だけではできないからである。

ふつうの因果関係を見ると、たとえば種から芽が出る場合、因である種と果である芽とを直線的につなげて理解しているので、これでは芽が生じるための、種以外の多くの原因を見落としてしまう。しかし縁起の考え方では、まず起こったもの（この場合は芽）を先にみとめて、その芽がどれだけいろいろな間接原因（縁）によって生じたかを探求するのである。もちろん種はその重要な原因であるが、雨が降って適当に

種が湿ることも縁である。季節が来て気温が上がることも縁である。土壌の存在も縁である。空気の存在も縁であろう。太陽光も縁である。……つまり、たんに芽を吹くというだけのことでも、直接原因のほかに、非常にたくさんの間接原因があることがわかる。

ところで、筆者はわずかながらフルートを吹く。今この書を執筆中であるが、机の脇に銀のフルートがある。ここで、どのような因と、どのような縁とによって、今筆者の側にフルートなるものが存在しているのかという因縁関係をたぐってみて、縁起観の入門を試みたい。

なぜ今、フルートが筆者の側に位置しているのか。それは因(直接の原因)としては、私自身がフルートを吹きたいという欲望を抱いていることだが、しかしそれだけでは説明は不十分である。なぜなら、いくら私がフルート演奏が好きだといっても、いつも傍らに出してあるわけではなく、ケースに入れて本箱のなかにしまってあることもあるからだ。だから、今というこの瞬間にフルートが外に出ている理由をあげなければならない。それが縁である。

それは、私が今日、朝からずっとこの原稿を書いていて、書き疲れたので気分転換にフルートを引っぱり出したわけなのである。ゆえに第一段階としては、私がフルートを吹きたがっているという因と、本書の執筆という縁との両方で、今フルートが傍らにあるという果（結果）が生じたということができる。

第二段階にさかのぼろう。ではこの本の執筆はどういう因と縁ではじまったのかが問題となる。因としては、教育評論社から執筆の依頼があったことだが、縁としては、本来の仏教思想がそれにピッタリのものだとの認識を私がもち、それを本書のような六波羅蜜を軸とした形にまとめるのが適切だと考えた点があげられる。

他方、フルートのほうは以前私が使っていた別のフルートのつくりが悪く、吹いていても満足できるだけの音が出ないので、新しく買い求めたわけだが、私の演奏向上心とでもいう欲が因で、前のフルートのつくりが悪かったというのが縁と見られる。

第三段階以上にさかのぼると、記述するだけでも大変になる。なぜ私がフルートを吹くようになったのかという因は、第二次世界大戦でアメリカのB29という爆撃機による空襲に遭い、ピアノを焼失してしまったからである。もしピアノが残っていたら、私の音楽欲はピアノ演奏のほうへ向いていたと思う。だが、ピアノはなくなった。私の音楽熱は私をして戦後の焼跡に残っていた少数の楽器店をしらみつぶしに探させ、ようやく見つけた楽器がフルートだった。そのときトランペットに出くわしていたならば、今、私の側にフルートはないだろう。これが縁である。

さらにどういう因縁で、B29という当時としての超大型爆撃機が出現したのか。第二次大戦が起こった因縁は……と考えてゆくときりがなくなってしまう。

今、傍らにある銀のフルートにしても、素材の銀という物質がなければ存在していないわけだから、つめてゆくと、錬金術や、それを駆り立てた人間の金に対する異常ともいえる欲望、さらには化学をうち立てた人間の知恵にまでいってしまうし、フルートはヨーロッパで生れた楽器だから、日本が鎖国のままだったら、竹の笛はありうるものの、フルートはありえないわけである。

ひと口に因縁というけれども、ニュースにもならない私のフルートという些細なものの存在についてさえ、近くは歴史に残る第二次大戦までが関係している。そしてやや遠くは、錬金術や明治維新までもが、さらに遠くは地球上の人類発生、いや生物発生、地球誕生にまでもさかのぼっていってしまうのである。

すべてはすべてにつながっている

ものは自力で生ずるものはなく、必ず縁の力を借りて生ずる。そしてその生じた存在も、他の存在が生ずる縁となる。そのために存在は、時間的にも空間的にも、相互につながっており、互いに関係し合い、しかもそれが諸行無常で生じたり滅したりしているのである。

こう観てゆくと、「因」と「縁」と、それによってもたらされる「果」の関係は、空間的にも時間的にも網目のようにどこまでもつながって、全体の力が一点に集中しているという関係になっており、一点をつかんでその網を引きあげれば、一つの目を中心にして、全体の目が引き寄せられることにたとえられる。縁起観は網目的であって、たんなる因果関係のように直線的ではないのである。

ゆえに、私たち一人ひとりのちょっとした行為も、木の葉が散ったという自然のなかの小さな現象も、空間的には世界の果てにまで、極端と思われるかも知れないが、宇宙の果てにまで関係し、時間的には永遠の未来にまで影響し、また逆に大陸の彼方の誰かの行動も、一万年過去の猿の運動も、今の私たち一人ひとりに影響を残していると看破できるのである。前記したような「すべての個人あらゆる存在に、宇宙的絶対性と清浄性が内蔵されている」ということも、このような関係からはっきりといえるのである。

たとえば、花の生け方に一輪挿しというのがあり、茶室の床《とこ》などにあると、えもいわれぬ風情《ふぜい》だが、西欧の人はあれを見てさびしいと思うらしい。しかしあれは上記の理由によって、全宇宙の代表としてそこにあるのである。さびしいどころの話ではないのだ。縁起を知れば、花一輪の見方まで変わってくる。

このような観点をとおして、世界中のそれぞれ独立した姿を見せている存在は、互いに関連し合い変化し続けて、宇宙全体は壮大な動きを呈していることがわかってくる。この様相を「諸法無我《しょほうむが》」という。

すなわち、これをサンカーラーのハタラキとして観れば、「サンカーラー」の縁起

的活動の上にあらゆる存在が成立しているということである。*一三

無限の「縁」

このように縁は、時間的にも空間的にも、どこまで遡ってもつながっており、その始源はつかめない（ビッグバンまで遡ってしまう）。空《くう》はいろんな角度からの説明が可能だが、この場合でいうならば、このように世界のどこまでもつながったあり方を「空」というのである。永遠であり無限であるから把捉できない、すなわち、つかみ所がないのである。これが空である。

自己もそうであるが、一つの存在は時間的にも空間的にも無限に他の存在との縁があって成立しているわけで、他なしに自分だけで独立しているのではない。一切は孤立して存在しうるものはないのである。ここが重要なところだが、無限のダイナミックな縁の連鎖のなかにおいて、自己は無限小になって消えるのである。消えるということ、いかにも心細く感じられるかも知れないが、前記の「徹底すると逆の所へ到達する」からもわかることだが、自己が消えるということは、同時に自己が宇宙全体に広がることでもある。この意味で本当の自己とは宇宙のことなのである。仏教ではこの

ことを、「無我《むが》」といっている。また「自性《じしょう》すなわち無性《むしょう》」とも表現されている。またつぎのような金言もある。

仏道は自己なり
自己は自己なきなり
無自己は宇宙なり
宇宙は求むるなきなり
無所求《むしょぐ》は天真にして絶妙なり（玄魯）

自己は縁起によるが故に空なのである。同様にいっさいの存在も空なのである。念のためだが、すでに述べてきたように、無我とか空といっても、虚無なのではない。仮《け》としては存在しているのである。認識する自分というものはあるのである。

重要な点は、自分は諸法無我として、縁起によって生れたのであるから、時間的には永遠の過去に、また空間的には宇宙全体につながっており、また諸行無常として、つねに変化し続けているので、自分はつかむことができないという点である。したがって、このことが理会できれば、自分に執着するこころは起こらないことになる。

至道無難禅師《しどうぶなんぜんじ》の般若心経《はんにゃしんぎょう》の冒頭部分の解説に、*一四

行深般若波羅蜜多《ぎょうしんはんにゃはらみた》*一五時《じ》＝身ヲナクスルヲ云
照見五蘊《しょうけんごうん》*一六皆空《かいくう》＝身ナキコトタシカ也
度《ど》*一七一切苦厄《いっさいくやく》＝身ナケレハクルシミナキ也

とあるが、わが身がないのならば、何も苦悩はない理である。ゆえに明瞭に「度一切苦厄」となる。

執着するから「苦」が生まれる

私たちが自己に執着するのは、自分という「変わらないもの」があると思うからである。この変わらないものと錯覚しているものが自我である。心中に自我を認めるから、自己に対する執着が起こるし、外部に同様に固定的なものを認めるから「我がもの」（所有物）を立て、それらに執着することになる。そしてこの執着から『苦』が生じるのである。

苦は、縁起を正しく理会し、行動することによって、解消して、涅槃《ねはん》（悟りの世界）の楽に転じることができる。そのためには、無常なる存在を無常であると、正しく知って、それに執着しないことが大切である。そうすれば固定的な自我に対する執着がなくなって、自己と宇宙とが一つになった「広い立場」に、生かされつつ生きることが可能になるはずである。仏教では、この「執着をもたないこと」を「空に住《じゅう》する」と表現している。

ここで本田宗一郎さんの空の姿勢についての注意を述べておこう。本田さんは、常にこういっておられた。

「何でも入ってくるようなこころのもち方をせよ。自分の専門は深めなければならないが、専門をもてばもつほど、ふつうには、人の話を聞くときや、物から学ぶときなどにその専門が出しゃばって邪魔をし、おれはこう思う、そのことはこうだというふうに自分の専門というフィルターをとおさなければ、外からものごとが受け入れられなくなってしまう。それではだめだ。

仏教では「空《くう》」ということをいうが、これをこのことに当てはめると、こころを空にするとは、何も学識をもっていないというのではなく、もってはいるが、聞くときや学ぶときには、ひとまずその学識は脇へのけて、その学識が邪魔をしないようにして、自分の学識のフィルターをとおさずに受け入れる――そのようなこころのもち方をすることがこころを空にするということだ。これは仏教の基本、いや仏教ばかりではなく人間の基本なのである。この姿勢がなければ、発明も発見もできはしない」

話しをもどそう。上記の「自己とは宇宙である」とは、真の安楽は、いっさいを放棄することによって「いっさいと成る」ことのなかにあるという意味であり、このことは、さきに洞眼のところで述べた「われ無一物、ゆえに万物を所有する」と同じである。この安楽は、縁起をほんとうに理会し、自分が縁起になりきることから生じるのである。

このようなわけであるから、われわれは日々縁を大切にして生きてゆかなければならない。われわれは通勤その他のとき、駅で何百人という人とすれちがうが、縁もそうであって、毎日多くの縁とすれちがっている。その縁をどうつかむかで、人生は、また社会は、大きく変わってゆく。縁は向こうから来るのだが、問題意識がなければそれはつかめない。縁のつかみ方は、宇宙的大生命に帰一した自分の問題意識のもち方で決まるのである。

このような縁起の性格の一つとして、縁起して生じた存在には、それが生じる前の存在にはなかった性質が現れるという特長が見られる。

たとえば、周知のように酸素と水素とが化合すれば水になるが、水には酸素にも水素にもない性質が備わっている。このことを一般化すると、130頁の表二になる。

素粒子が集って原子になり、原子が結合して分子になり、分子が重合して高分子になり、高分子が構造的に結合して遺伝子のような生体高分子ができ、さらにそれらが高次構造を形成して結合し単細胞生物が生れ、さらにヒトが発生し社会もできた。

表二　存在は結合して、より高次のシステムを形成し、
それ以下のレベルのシステムにはなかった
まったく新しい機能を発揮する。

システム高次 ↑ （下から上へ）　　いわゆる生命現象 ↓

「システム」	「例」	「機能の例」
社会	人間社会 昆虫社会	共済、集団行動 統率、制裁、公私
↑（結合）		
多細胞生物	ヒト、昆虫、 魚、鳥、草木	闘争、愛、宗教、 認識、知能、食事 有性生殖
↑（結合）		
単細胞生物	アメーバ、バクテリア、 粘菌、ゾウリムシ	生死、移動、代謝
↑（結合）		
生体高分子	酵素、蛋白 核酸（ＤＮＡ、ＲＮＡ）	自己増殖
↑（結合）		
高分子	ポリメタアクリル酸 粘弾性流体	メカノケミカル現象 粘性のずり速度依存
↑（結合）		
分子	H_2、H_2O、 CO_2、Fe_2O_3	
↑（結合）		
原子		

この表において、下の低次システムから上の高次システムに至るすべての段階で、上のレベルの存在には下のそれにはなかった機能が出現している。要するに、果は諸縁の合一であって、縁のなかにはまったく見当らなかった性質が果に現れるのである。これは縁起の大きな意味といえる。

とくに興味深い点は、高分子レベルには見られなかった、いわゆる（狭義の）生命現象というものが、それよりも上のレベルで現れていることである。この生命現象の出現は、サンカーラーのまことに不思議なハタラキといわざるを得ない。

「仏性《ぶっしょう》」

ほとんどの仏教辞典には、仏性《ぶっしょう》とは「仏になる可能性」と出ている。涅槃経の有名でまた大切な言葉に、

「一切衆生悉有仏性《いっさいしゅじょうしつうぶっしょう》」

というのがあるが、ここで衆生とは狭く解釈すれば人間を指し、やや広く解釈すれば生物のすべて、もっと広く解釈すれば鉱物も含めたすべての存在のこととなる。筆者はこのうちの最後の解釈をとっている。また悉《しつ》有《う》の悉はことごとくという意味だから、この言葉は、「すべての存在に仏になる可能性がある」ということをいっているわけだ。

さきに一輪挿しのたとえの直前で、「すべての個人、あらゆる存在に、宇宙的絶対性と清浄性が宿っている」と述べたが、この宿っている宇宙的絶対性と清浄性が仏性である。

もちろん、仏性は可能性であるから、はじめから表に現れているわけではなく、あくまでも内蔵されているといったほうがよい。それでこのことを「如来蔵《にょらいぞう》」とも

「宝蔵《ほうぞう》」ともいうのである。外見は見にくいが、そのなかに、仏、あるいは宝が入っているというふうに、まずは考えるのである。すべての存在はそのようなものだというわけである。いわば、まだ磨かれていないダイヤモンドのようなものという観点である。これが仏教の存在の観方なのである。

われわれがこういうものに出会ったときになすべきことは、外側の、みにくいベールをはがして、なかにある仏性を輝き出させるように努めることである。こういうのが人間の宗教的な生き方である。仏教の最終目的は、

「すべてのものの仏性を開顕《かいけん》するところにある」

というくらいである。開顕とは、開き明らかに現すという意味だ。

そこでまず人について考えてみよう。といっても、無明《むみょう》*一八と煩悩に満ちた人間に仏性があるなどとはとても考えられないかもしれない。しかしとにかく、人間自身のなかに仏性があると信じ、六波羅蜜にはげむことである。仏教の百科辞書といわれる大智度論《だいちどろん》のはじめの部分に、

「仏法《ぶっぽう》の大海は信を能入《のうにゅう》と為《な》し、智を能度《のうど》と為す」

との名言が見られるが、これは信のこころがあれば、その人は仏道に入ることができるが、信がなければ入れないということだ。ただし仏教の「信」は、キリスト教でいう神を信じるという信とはニュアンスが異なって、こころが清らかなことをいうのである。信がないと手なしで宝の山に入るようなもので、宝を一つも拾うことはできないとたとえてある（なお「智を能度と為す」とは、本章のような仏教の智慧が身につくことが、悟りへの最終段階だ、という意味である）。

「はじめにかえて　六波羅蜜とは」の「迷いから脱し人を救う六つの行」で道元禅師の金言を引用して、「自分が悟る先に、人を悟りに導こう」という趣旨のことを述べたが、このこころが生じれば、すでに自分の仏性は開顕しているのである。仏道に入った人でも、多くは自分が悟りたいからなのであって、他人を悟らせたいからとて仏道に入る人は少ない。しかし逆説的になるが、後者だと、すでに悟りの入り口へ来ているともいえるのである。

ただし注意すべきことがある。それは、如来蔵とか宝蔵といって、蔵の字を使うと、いかにもみにくいベール・汚い着物のなかに清らかな仏性が入っているような気がしてくるが、ほんとうはそうではない。『「一つ」ということ（85ページ）』で力説したとおり、そのように、みにくいベールと清らかな仏性とをわけるのは、二見に堕したことになる。正式には、仏性開顕とは、「三性の理」（97ページ）で解説したように、転じることなのである。達磨《だるま》大師の著といわれている「小室六門《しょうしつろくもん》」には、一切の煩悩は如来の種子となる。
煩悩によりて智慧を得るがためなり。
諸仏は無明を父とし、貪愛《とんあい》を母とす。
蛇は化して龍となれども、その鱗《うろこ》を改めず。
衆生と菩提《ぼだい》とは、また氷と水の如し。

と書かれている。強盗が転じて防犯指導者となったように、煩悩からこそ仏が芽生えるのである。さらに、無明や溺愛《できあい》が仏の親だともいう。そして、強盗が防犯指導者に転じても、犯罪手口の知識は変えずにもち続けたように、蛇（衆生）が龍（仏）に転じても、その鱗は変わっていないというわけだ。ゆえに、われわれには、いかにして人を転じて仏にするかが問われることになる。ゆえにぜひ、六波羅蜜をあなただけのものとせず、人にも伝えていただきたい。

その四「精進」で紹介した、青森県八戸市の第三中学校で、ロボットコンテストのためにわれを忘れてロボットづくりに精進した生徒たちの感想文から推して、彼らは精進によって、子どもなりに仏性が開顕されたものと、筆者は解釈している。

また、すべての物を眺めるとき、慈眼を忘れないことである。そして、前掲の表一「三性の理（103ページ）」を参考に、あらゆる悪い物、すべての悪現象を、うまずたゆまず善に転じていくのである。これが仏性開顕である。

以上長々と述べてきたが、悪現象を善なるものに転じて、その仏性開顕をした例をあげて本書のしめくくりとしたい。

ある人がコピー機の開発を手がけていた。しかし問題意識をもって懸命に思考をめぐらしていても、なかなか思うようにアイデアが湧かなかった。そこでその人は気分転換に音楽でも聴こうかとCDをかけた。演奏が終わってCDをプレーヤから外して机の上に置いたところ、机の上のほこりがCDにくっついてしまった。CDはプラスチックだから静電気を帯びる。その静電気がほこりを引き寄せたのだった。

六眼ではないのだが、だれでも問題意識をもって懸命に考えていると、何を見てもそれ（問題としているもの）に見えるものである。ある大手食品会社の社長さんは、夕日を見てもかまぼこに見えるそうである。コピー機を開発していたその人は、何を見てもコピーに見えるようになっていた。

それでその人は、CDにほこりがついた瞬間には、いやだな（悪現象だ）と感じたが、三性の理にもとづいて善悪判断を一時離れ、こころを冷静に落ち着けて無記の気持ちで眺めたら、CDについたほこりの模様が文字や絵柄に見えたのだった!!　彼は飛び上がった。

CDを紙に、ほこりを黒い粉に置き換え、でたらめに発生した静電気を制御して、文字にしたいところ、絵にしたいところにだけ発生するようにすれば、コピーができる!!　これが電子コピー開発の端緒となったのだった。

こうしてCDにほこりがつくという悪現象が、電子コピーという善なるものに転じた。これが、静電気という物理現象の仏性開顕であった。

注

（一）「解」という字は刀で牛のからだや角をバラバラに分解することを示す。

（二）明治時代の哲学書にはこの語が見られたということを耳にしている。

（三）仏教では「実相」すなわち存在の真実のあり方は、開き直れば言葉（概念）の限界性ゆえにコトバによっては表現できないという。実相は正しい般若によって各自が洞察すべきものであるという。このことを承知で、この解説をお読みいただきたい。

（四）「三性の理」によれば「つくる」と「壊す」は着眼点の相違であって、現象の違いではないのである。

（五）正式には「妙法蓮華経観世音菩薩普門品第二十五」。

（六）参考文献参照

（七）「記」とは記入するということ。よいものだから○印、あるいは悪いものだから×印をつけるということ。だから無記とは、そういう評価のないという意味。

（八）ここでは「観」の字を用いずに「感」とした。

（九）嬰とは赤子のこと。

（十）参考文献参照

（一一）くわしくは柳宗悦著『南無阿弥陀仏』（岩波文庫　青）、第十六章「自力と他力」を参照。

（一二）吉兆の前兆として、縁起が悪い、縁起をかつぐという言い方で使われているが、仏教の縁起観はそのようなものではない。また寺社の由来という意味もあるが、これも転用されたもの。ここでいう意味とは異なる。

（一三）今日、生物関係の学会で大流行の遺伝子論も、すべては遺伝子で決まるという、哲学でいう決定論の一種であるが、この決定論の欠陥は、過去や生まれつきだけで将来のすべてが決まってしまうというわけで、それでは努力すること、およびその意志や効果が無視されてしまう。また逆に偶然論では、過去の、ならびに現在及び未来に対する影響というものがまったく論外になってしまう。

このような決定論や偶然論の欠陥をおぎなって、過去の影響を尊重しながらも未来を創造できる考え方が仏教の縁起論である。

（一四）参考文献参照

（一五）「波羅蜜多」とは「波羅蜜」と同じ意味。

（一六）五蘊（ごうん）とは人間の肉体と精神、すなわち一個の人間全体を、色・受・想・行・識の五つの集まりにわけて示したもの。色は肉体、受は感覚作用、想は表象作用、行は意志作用、識は認識作用のこと。

（一七）「度」とは悟りの世界へ渡すこと。救うこと。

（一八）「無明」とは仏教的な智慧のないこと。

参考文献

『至道無難禅師集』公田連太郎編著　春秋社
『無心ということ』鈴木大拙著　角川文庫
『大乗仏教入門』平川　彰著　第三文明社・レグルス文庫

おわりに

本書は、「六波羅蜜」という仏教の修行徳目を、筆者の体験にもとづいて解釈し、読者のこころの道案内にしたいとの願いをもって書いたものである。

筆者は僧侶でも仏教学者でもなく、科学技術を専門とする在家の一仏教徒である。正確な専門的知識は多く持ち合わせていないが、伝統や因習にしばられない自由な立場にある。その立場を善用して、科学技術全盛の現代にマッチするように六波羅蜜を柔軟に拡大解釈し、仏教の要点をわかりやすく解説した。

そこでまずはお願いがある。ぜひ、柔らかいこころ（柔軟心《にゅうなんしん》）でこの書を読み、かつ味わっていただきたい。仏教はたしかにむずかしい。その最大の理由は、教えが「AでなければBだ」「AとBとは違う」という、われわれが慣れ親しんでいる数学や西洋哲学の論理とは根本的に違う点にある。このことが科学時代のインテリに、仏教を矛盾で間違っているとされる方が少なくない理由だろう。だからはじめに、柔らかいこころの必要性を力説した。

むしろ、一見矛盾とさえ見える仏教独特の論理を、心底にドスンとはめ込み落ち着かせることができるかどうかが、仏教の要点を理解する鍵である。どうか、すべての先入見を捨て、白紙になったこころで味読してほしい。

もうひとつ押さえておきたいことがある。それは、仏教はお釈迦様のイデオロギーではないということである。仏教はお釈迦様が発見（発明ではなく）された天地の真理であって、釈迦主義ではない。もし釈尊がこの世に現れなかったと仮定しても、他の聖者によって同じ真理が発見されていたことだろう。主義というものは早晩、対立する別の主義が生れて争いが発生し、その別の主義にとって代わられる運命にある。そういうものは真理ではない。

最後に、本書出版についてお世話になった、教育評論社の安達一雄編集長の労に感謝申しあげ、また、すばらしい挿絵をお描きいただいた伊勢隆則氏にお礼申しあげたい。

二〇〇九年一月

著者しるす。

森　政弘（もり　まさひろ）
1927年三重県生まれ。1950年、名古屋大学工学部電気学科卒業。1959年、東京大学生産技術研究所助教授・工学博士になり、化学プラントの自動制御を専門とし、わが国で初めて人工心臓・人工腎臓の自動制御を手がけた。1964年まだマイコンもパソコンもない時代、世界に先駆けて自動的に作動する人工の3本指を創り、その理論を発表。1969年東京工業大学教授となって以後、先頭に立ってわが国ロボット工学の立ち上げに尽力してきた。このころより、禅をはじめ仏教全般について学ぶこと約40年弱、現在に至る。1981年、単一乾電池2個だけのエネルギーで人が乗って走る車の競技を大学の授業に取り入れ、これが今日、広く各層で行なわれているロボットコンテストの源流となった。現在、（株）自在研究所代表取締役社長、東京工業大学名誉教授。
『発想工学のすすめ―やわらかい機械』、『千輪車の発想』、『「非まじめ」のすすめ』（以上講談社）、『生き物のデザイン』（日本経済新聞社）、『ロボコン博士のもの作り遊論』（オーム社）など著書多数。

今を生きていく力「六波羅蜜」

２００９年２月11日　初版第１刷発行

著　者　森　政弘

発行者　阿部黄瀬

発行所　株式会社教育評論社

〒１０３―０００１

東京都中央区日本橋

小伝馬町２―５ＦＫビル

TEL.03-3664-5851 FAX.03-3664-5816

http://www.kyohyo.co.jp

印刷製本　萩原印刷株式会社

 ISBN 978-4-905706-35-9
定価はカバーに表示してあります。
落丁・乱丁本は送料弊社負担でお取替えいたします。